木と漆喰とタイルを融合させたキッチン

床全面に木の節材のフローリング

玄関ホール

キッチン

木材には多様な色がある

和室にも木は似合う

天板を木質化すると高級感ある雰囲気に

いいリフォームは「素材」と「業者」で決まる

現役上場工務店社長
窪寺伸浩

あさ出版

はじめに

『いい住まいは「間取り」と「素材」で決まる』という本を、２０１８年に出版しました。多くの読者の方から「もっと早く、この本やあなたの会社に出会いたかった」というお言葉とともに「新築ではなく、リフォーム版を早く出してほしい」という要望がありました。

確かに、木造新築というのは、東京を中心とした首都圏や都市部では地価が高く、なかなか実現不可能なものになりつつあります。新築マンションもある意味では、高嶺の花です。

価格的には、

①土地付き新築木造住宅

②新築マンション
③土地付き規格木造住宅（いわゆる建売住宅）
④土地付き中古木造住宅
⑤中古マンション
などに「住まい」の価格を分類することができるかもしれません。

④や⑤は、そのまま住む場合もあるでしょうが、それを購入した人たちの趣味嗜好で、大型リフォーム、リノベーションが始まる場合もあります。

しかし、形態はどうあれ、①から⑤も、人間が住むということに変わりはありません。新築であれ、リフォームであれ、人間が住むこと、住まいはなんであるかという本質的問題から離れることはできません。

新築に比べると、リフォーム（リノベ）には、自由度が少ないのも事実です。間取りも自由につくり、住まいの環境づくりができる新築や大型リフォームと異なるので、素材や業者選びがより重要になると考えます。

リフォームであっても「人間が住む」環境をどうつくっていくかという本質は変わりません。

新築に比べ、自由度の低いリフォームという選択のなかで、業者選びと素材選びという二つの視点にフォーカスしてみました。

この本が、皆様のリフォーム工事を通じてご家族の皆様の住まいづくりが素晴らしいものになる一助になることを祈念しています。

窪寺伸浩

第1章 なぜ、今、リフォームなのか

第2章

いいリフォームは「業者」で決まる

第3章

いいリフォームは「素材」で決まる

第4章 いいリフォーム事例編

第5章

私たちの仕事の進め方

第1章

なぜ、今、リフォームなのか

リフォームが注目される理由

リフォームの需要が高まってきています。

右肩上がりの経済のなかでは、一戸建てであれ、マンションであれ、新築住宅を求める人たちに加え、築何十年という住宅を、「住み心地が悪い」「前回の住まいづくりに不満があった」「家族の構成が変わったから」等々の理由で、壊して、新たに住宅を建てるという、「建て替え」派の人たちがいました。

50代後半から60代前半の方々が第二の人生の生活拠点として、「建て替え」をして、自分の価値観を反映した住まいづくりをする人たちがいました。

しかし、長期右肩下がりの時代に入って、事情は一変しました。

定年まで、今の職場で働けるのか、給与所得は維持できるのか、建て替え資金は、一体どこから捻出したらよいのか、等々、悩みはつきないものです。
そのような背景のなか「リフォーム」が登場したのです。

このリフォームという言葉は、今や完全に社会に定着しているのですが、一昔、いや二昔前では、「営繕」とか「修繕工事」とかと言われていました。また大工や職人同士では、ほんとうに小規模な工事のことを、「小繕《こつくろい》」などと言っていたのです（ですが「あなたのお家を営繕します」とか「小繕して、新しい生活を」なんて言われても、なんか、わくわくしませんよね）。

リフォームの範囲は、非常に広く、ドアノブの交替やトイレに手すりをつけるといった小工事から、外壁塗装やシステムキッチンの入れ替えのような中工事、そして新築と見まごうような大工事までが、リフォームの範囲です。

自分の生活を、家族の生活を、「リフォーム」を通じて、新しく変える。リフォームを通じて、幸福な生活に変える。そんな夢を見ながら、リフォームをする。

しかし、ここに大きな「落し穴」があるのです。

どんな業者を選ぶか？
どんな素材を選ぶか？
どんな間取りを選ぶのか？

これを間違えると、夢のあるリフォームから、「失敗した！」とか「やらなければよかった」リフォームに変わってしまいます。

本書が読者の皆様に、「いいリフォーム」をしていただくために何をしたらよいのか？　を考えていただく、一助となれば幸いです。

土地付き一戸建ては夢のまた夢？

都内で土地付き一戸建て、しかも、自由設計の注文住宅を持つ、ということは、大変ハードルの高いことです。

所得にかかわるコストの高い順でいえば、第1位は、土地付き一戸建ての注文住宅、第2位は、新築マンション、第3位は、土地付き分譲住宅（いわゆる建て売り住宅）と言われるものです。

この2位、3位は、立地や規模、仕様によって、価格はずいぶん変わります。逆転現象もあるでしょう。土地付き分譲住宅も、土地付きという言葉のなかで、「高い」というイメージから、マンションを選択する方も多いでしょう。人気のある地域でのマンションでは、「土地付き」よりも価格が高い、ということが往々にしてあります。

また、選択にあたっては、その人が一戸建ての家に住んだことがあるのか、ないのかということも関係してくるでしょう。

さて、その次はどうでしょうか？　予算的に新築に手の出ない方々は、中古住宅を選択します。

4位は、土地付きの中古住宅。5位は、中古マンションといったところでしょうか。ここでも立地や築年数の問題があり、中古土地付き住宅と中古マンションの順位の逆転があるかもしれません。

中古の場合、中古のままの現状販売もあれば、売り主が、リフォームをして、販売することもあります。リフォーム済みのものの方が、買い手にとっては、何でも、そろっているし、すぐに生活がはじめられるし、お手軽な買い物かもしれません。

しかし、現在、中古住宅、中古マンションを買って、買い主、つまり住む人が、自分の住みやすさを求めて、自分たちの家庭環境を整えるために、自分でリフォーム（この場合は、リノベやリノベーションと言われることが多いです）していく、というケースも増えています。

東京を中心とした首都圏の土地価格事情を考慮すると、自分の気に入った地域の土地を買って、さらに、自分たちの要望に適った注文住宅を建てるというのは、よほど経済的余裕のある方ではないと、不可能でしょう。その意味で、中古住宅の資産的な価値は、ないのです。土地の値段のなかで、中古住宅も買ったと考えると、その住宅は安いです。

一方で、どんなにボロボロになっていても、その中古住宅規模の建物を建てるには、お金がかかります。範囲はどうあれ、リフォーム（外壁塗装や耐震工事も必要かもしれませんが）だけで済むとすれば、お得な買い物と言えるのかもしれません。

戸建て住宅にも、マンションにも、それぞれメリット（長所）、デメリット（短所）があります。どちらを選ぶかは、選ぶ側の考え方や家庭環境、そして物件の良否も多分に影響します。一概にどっちがいいと言うことはできません。

しかし、長期的に保有することも考えると、マンションよりも「土地」があるということは、土地付き一戸建ての方が新築であれ、中古であれ、現時点では、有利ではないでしょうか。

ハードの条件は満たされて当たり前

私たちは、主に新築を相談しに来られるお客様と、「住まいの教室」を行います。そこで、住まいを求めるほんとうの目的（単なる購入動機ではありません）、住まいの利用目的、住まいの本質を一緒に考え、確認し合います。

なぜこうしたことを行っているかというと、住宅は、一生のなかで最も高価な買い物なのですが、それを求めるにあたって、買い手であるエンドユーザー（お施主さん）が、あまり住宅のことを真剣に考えていないのでは、と思われるような状態が往々にしてあるからです。

住宅ローンが発達して、わずかな頭金でまさに賃貸物件を借りるような感覚で、住宅を所得することが可能になりました。

といっても、お客様が「住まいなんて、何でも同じだ」「どの業者にたのんでも変わりがない」という安易な考え方で、住まいづくりをしたら、あるいは、住まいを「購入」したとしたら、そのしっぺ返しは、自身の心身の健康、家族関係、経済状態などのさまざまな局面で、出てくることに気がつくでしょう。

私たちは、住宅は、三つの要素から成り立っていると考えます。

左の図のように、ハード、ソフト、ヒューマニティーの三つの部分が調和し、成り立つ状態があって、はじめてほんとうの意味での「いい住まい」が誕生するのです。

ハード面の、構造、機能、デザイン等々とは、どんなことでしょうか？「耐震性に優れている」「免震構造になっている」「オール電化である」「アイランドキッチンである」などと、さまざまなキャッチフレーズで、「住宅」の供給側は自社の優位性を主張しますが、住宅メーカーも、住まいを求める側も、ほとんど、この「ハード」面のみにしか目に入っていないのではないでしょうか。

住宅メーカーも、住宅を求めようとする人々も、議論は、このハード面に終始している、といっても過言ではないでしょう。

ハード面の問題は、当たり前の真ん中の議論であると私たちは考えています。

住宅を構成する３要素

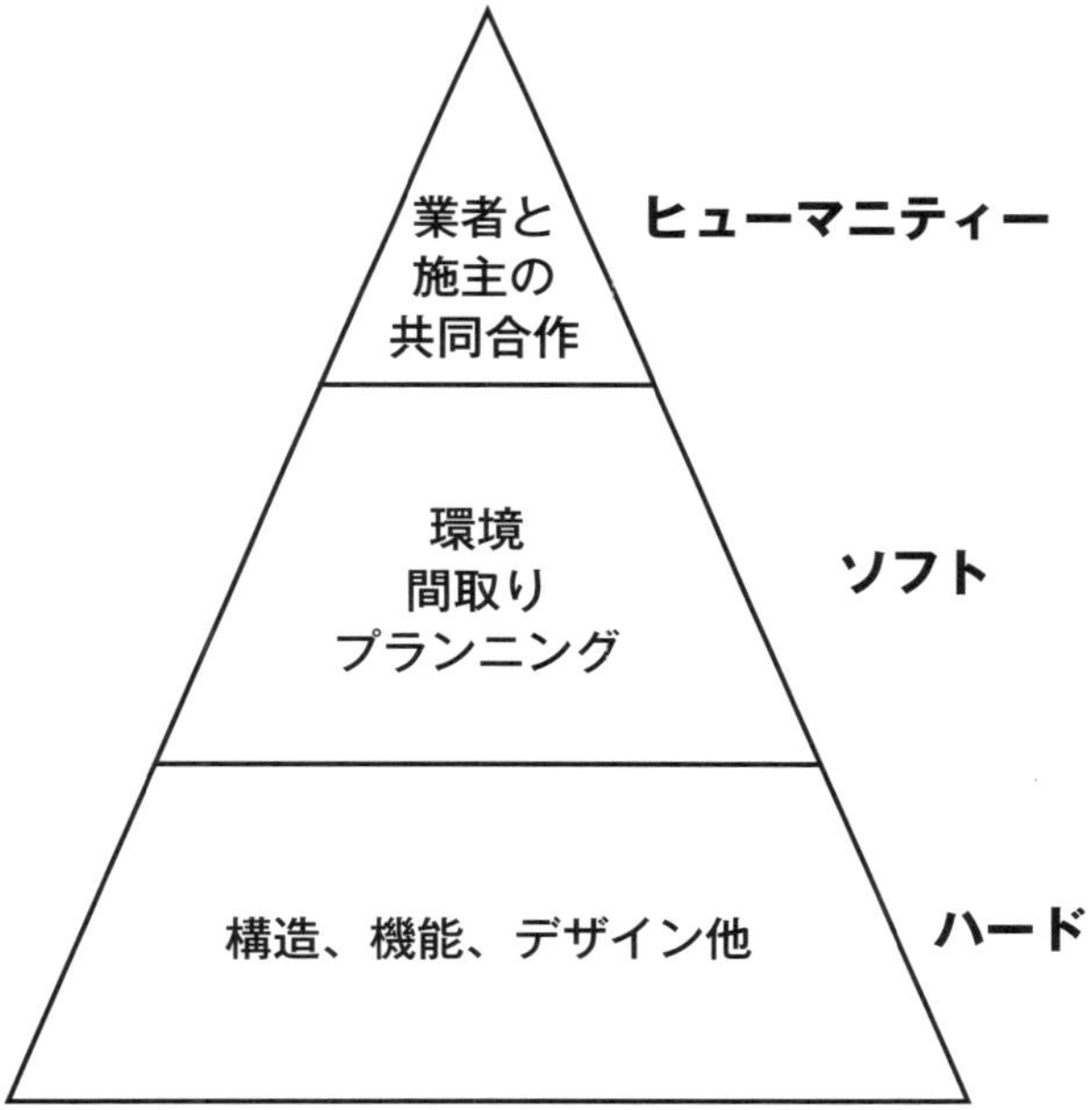

たとえば、あなたが、自動車を買いたいと思い、どこかのディーラーのところに行ったとしましょう。その自動車会社の営業マンが、こんなことを言ったら、どうでしょう。


「お客様。この自動車には、ハンドルがついていますよ」

「ブレーキが作動しますよ」

「この自動車、走るんですよ」


そんなことを言われたら、どうしますか?

何を当たり前のことを言っているんだ、と怒り出すのではないでしょうか。

ですが、住宅において、ハード面の条件が満たされているということは、このようにごくごく当たり前のことなのです。

ただし、有名なハウスメーカーのなかにも、坪単価○○円といって安さを売り物にしてお客様の関心を買い、契約をしておきながら、最終的には「これはオプションです」「これも追加工事です」と言って、〝当たり前の値段〟に落ち着かせる業者がいると聞いています。

ハード面の前提は、当たり前のこと。このとき「住む人にとって」いい住まいであるのであって、決して、業者が「売るのに都合の」いい住まいであってはならない、と思います。

リフォームに関しても、この考え方は、同じです。

住み心地を変えるソフト面のリフォームを

さて、次に、住宅のソフト面って、どんなことでしょう。

現在の住宅事情では、一戸建てであれ、マンションであれ、住む人の個性やニーズ（要望）を無視して建てられた規格化住宅が主流です。

それを否定しても、しきれない事情があり、土地が高いところで住まいを求めるということは、どうしても規格住宅で妥協しなくてはならないのが現状です。


しかし、この現状に我慢し続けることにも、実は限界があります。

たとえ話し風にいえば、身長１９０センチ、体重１００キロを超える大男が、つるしのＭサイズのスーツを着たら、どうでしょうか？

どうしてもスーツが必要なので、着たとしても、きゅうくつでしかたがないのではないでしょうか。

我慢の限界が、絶対来ます。その時が、建て替えの時期であり、リフォームの時期なのです。

「住宅は壊れるのではなく、壊されるものである」

私たちはよくこのように申し上げるのですが、住宅は、構造や機能がダメになる、使えなくなるというのではなく、「住み心地が悪い」「住んでいて気持ちよくない」などという漠然とした理由から、建て替えがはじまるのです。

現代のデフレ経済の下では、建て替えや大型リフォームは新築以上に、ハードルが高いかもしれません。住宅ローンがおりにくいということもあるでしょう。

そのなかで、住む人の個性、要望、住まいの置かれている敷地の環境を考慮しながら、新しい発想のリフォームが求められているのです。

リフォームには、二つの側面があります。経年変化のなかで、外壁塗装をするとか、耐震工事をするとかいったハード面と、「住み心地」の部分、住まいの間取りを変えるといったソフト的な面です。

このソフト的な面のリフォームというのは、マンションや2×4住宅といった壁によって構造をささえている規格住宅の場合、制限があります。
しかし間取りを変えるというのは、人間にとって、生活の自由度を高め、生き生きと生きるために必要なことです。

リフォームの持っている二つの側面。
機能性、構造的な問題を解決するためのハード的なリフォーム。
そして住む人の個性や生活環境を整えるのが、ソフト的なリフォーム。
後者は、人間の個性に基づいた人間の、家族の生存にかかわるリフォームです。

お客様が、どのリフォームを目指しているか？　それを業者もお客様も知ることは、大切なことです。

木造住宅におけるリフォーム

在来軸組み工法の家、つまり伝統的な木造住宅は、柱と柱の間の壁をぶち抜けば、自由に間取りを変えることができます。

構造的には、柱と梁によって、住まいを支えています。壁は、まさに間仕切り（間とは部屋を意味し、そこを仕切るの意）の役割を果たします。

壁をぶち抜いて広い空間もつくることもできるし、壁や間仕切りをつくることによって、小空間をいくつもつくることもできます。

伝統的な木造住宅は、リフォームにおいても、幅広い可能性があります。

木造住宅の場合、その自由さもあることから、新築を見間違えるほどの、大型リフォームをされることがあります。

予算的にも、ほとんど建て替え（新築同然）の費用がかかる場合があります。

建て替えならば、引っ越しなどをして、生活のあり方をすべて変える必要がありますが、リフォームの場合は、現状の生活を維持しながら、工事をすすめることができます。

裏を返せば、工事をしながらの、生活になるので、いろいろなストレスを感じることもあります。仮の住居として、アパートを借りて、工事の行われる間は避難される方もいます。

大型リフォームは、大事業です。規格住宅のように、住む人が決めていない人が決めた「間取り」や「住宅設計」によって、つくられた住まいから、家族を解放する大事業です。

このとき私たちは、お客様に「住まいの教室」に参加をしてもらい、もう一度、住宅を求める目的（リフォームをする目的）、と新しい住宅の利用効果について、確認していただきたいのです。

住まいは、どの部分も大切な役割を持っています。しかし、

- **根幹**
- **準幹**
- **枝幹**

の三つの視点から見るとき、根幹部分からを変えることをおすすめします。木造住宅のリフォームの特権は、間取りを大幅に抜本的に変えることができるからです。

左ページの図を見てください。

なぜ、寝室、キッチン（台所）、リビング（茶の間）が、住まいの根幹に当たるのでしょうか。

それは、「もっとも長い時間、そこで過すから」です。

その寝室が、キッチンが、リビングが良い環境であれば、そこで長時間過ごす人は、良い影響を受けます。しかし、その逆で、悪い環境であれば、マイナスの悪い影響を受けます。

リフォームの実例については後章にゆずるとして、これら根幹となる住まいの部屋が、なぜ、大切かということを簡単にお話しましょう。

いいリフォームは住まいの根幹を変えること

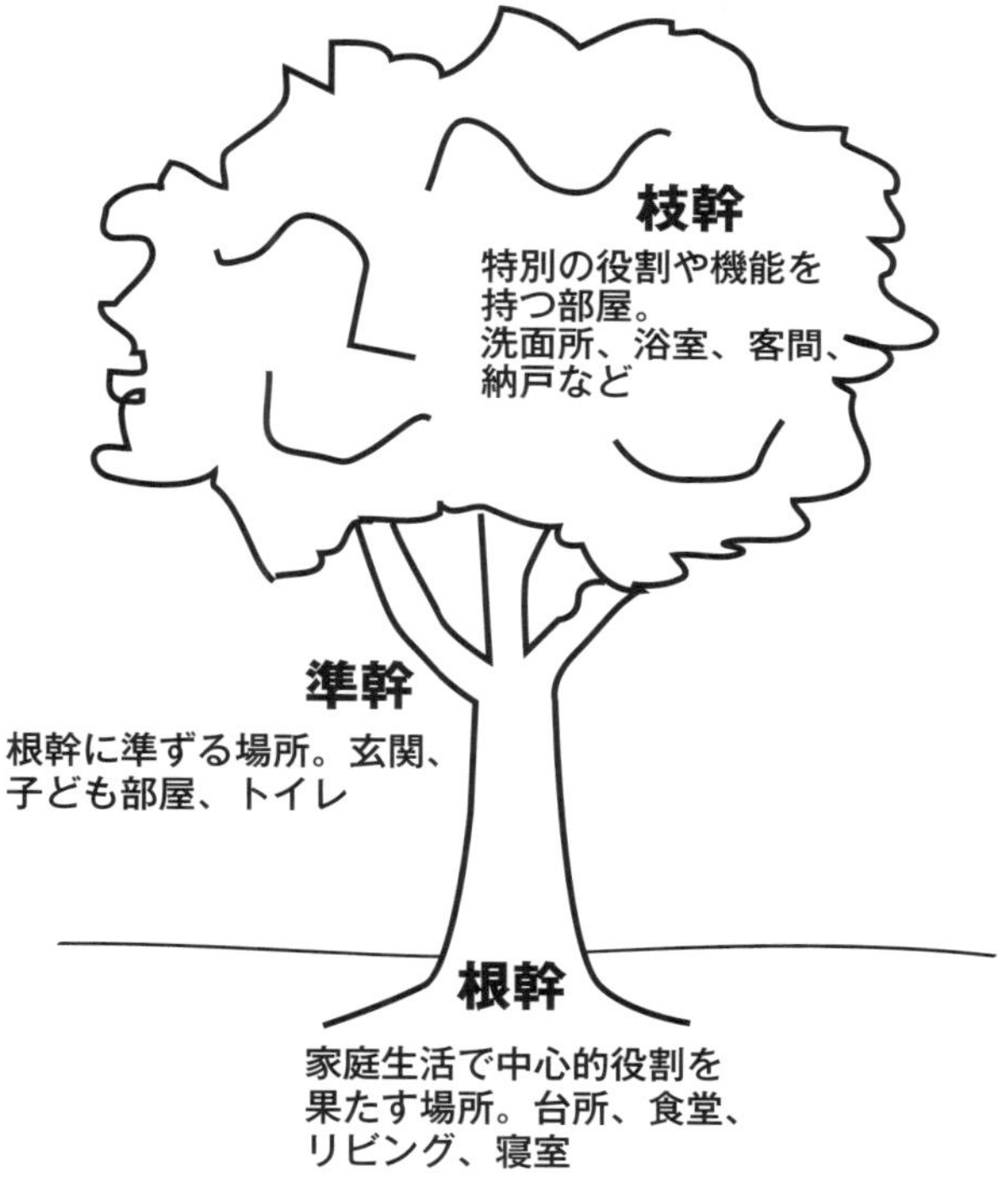

「寝室」に求められる安心安全と通気

どんなに忙しい人でも、家での滞在時間の少ない人でも、家にいる間、最も長くいる場所は、寝室です。寝室とは、まさに、安心、安全のなかで、日中のつかれをいやし、明日への元気、活力を「睡眠」を通じて、取り戻す場所です。「寝ている」という環境のなかで、その寝室が、良いのか悪いのか、なかなか、自覚的にとらえることはできません。

しかし、人間は睡眠中でも、一時間に17リットルの二酸化炭素を吐くといわれています。一升びん（1・8リットル）約9本もの量です。もし寝室が、通気性の悪い密閉された空間だったら、本来、休息の場である寝室で、自分の吐いた二酸化炭素を吸い続ける、ということになってしまいます。

寝室の場合、安心安全を保つプライベート空間を保持しつつも、新鮮な空気を取り入れる通気の仕組みが求められます。

寝室のリフォームに求められる点は、安心安全、そして通気性です。

「キッチン」は主婦が明るく元気に過ごせるように

キッチンをはじめ、住宅に最も長い時間いるのは、家庭の主婦です。家庭の主婦が、快適に、住み心地よく、暮らせるような仕組みをつくり、リフォームすることが、最も大切なことです。

北向きの底冷えするようなキッチンでは、朝の水仕事は、ほんとうに「ゾクゾクッ」と寿命が縮むような思いでしょう。

また、西向きのキッチンなら、家事をするだけで、むしむしと暑く、つかれてしまうことでしょう。

家庭の中心で、太陽のような存在の「主婦」が、明るく、元気になってもらえるようなリフォームが大切です。

夫婦関係、親子関係……家族は「リビング」で育まれる

一昔、二昔前ならば、茶の間という言葉で、呼ばれていた場所でしょうか。「一家団らん」なんていう言葉がありました。一家に一台しかテレビがなく、茶の間でなければ、テレビが見られない時代。食事をするのも、くつろぐのも、住まいの中心的な場所。家庭内の秩序、親と子の関係、夫婦の関係。これは、リビングで育まれます。

そこには、明るさが大切です。人工的な空間ではなく、自然を感じさせる空間が大切です。

明るい自然な空間と、暗く人工的な空間。どちらに、人が集まるでしょうか。

どちらで、親子の会話、夫婦の会話がはずむでしょうか。

リビングを、どのようにリフォームするのか。大きな課題ですね。

マンションにおけるリフォーム

タワーマンション。ウォーターフロントマンション。その語感の響きから、快適な素晴らしい生活を想像する方が多いでしょう。

しかし、一方で築50年以上も経ったマンションでは、現代の耐震基準を満たせず、かといって、建て替えや大規模修繕ができない状況が続いています。

安さを売り物にする一戸建ての建て売りの住宅よりも、いい立地、環境に建てられたブランド力のあるマンションの方が、断然価値あるように見えるものです。

しかし、マンションには、マンションの大きな問題があります。老朽化と建て替えという問題に対する解決の事例が、ほとんどないことです。

例えば、地震などの災害のための緊急避難道路に面しているような老朽マンションは、建て替えた方がいいのでしょうが、区分所有者（マンションの一室を持っている所有者）の意志や経済状態を考慮すると、なかなか難しいと言わざるを得ません。

高級マンションの持つ素晴らしい外観も、また堅固な構造も各々の区分所有者のものではなく、共有部、公用部にあたります。

つまり、マンションを持っているといっても、マンション所有者は、自分の部屋の天井、壁、床の内部空間を所有しているだけ、と言ってもいいでしょう。

マンションは、部屋の位置する方角、間取りの規制を受け、木造住宅のような自由度のあるリフォームはなかなか難しいです。

しかし現在、スケルトン状態（壁、床、天井をはがして、コンクリートむき出しの状態にすること）に戻して、リフォームを希望される方が増えてきました。

特に、何部屋もある大型マンションを所有されている方からのご要望が多くなっています。

高層からの眺望の良いお部屋をお持ちの方なら、リビング中心の間取りに変更し、プライベートを守る寝室のリフォームを行います。

マンションも、間取り変更可能な「ラーメン構造」、間取り変更が難しい「RC構造」に大別されますが、人間は住まいに影響される存在です。ご自分と家庭の生活のために、リフォームをしていく視点が必要です。

マウスの実験というのを、ご存じでしょうか。もともとは、静岡大学で行われたマウス生存や成長と生活環境の関係を考察したものです。「住まいの教室」で、私も毎回お話しさせていただく実験の話です。

単純化すると、こんな実験です。

マウスの夫婦に、①木の箱、②コンクリートの箱、③鉄製の箱に住んでもらいます。子マウスが生まれます。さあ、子マウスの生存率が最も高いのは、どれでしょうか。

正解は、どなたも①の木の箱を選ばれます。木の箱つまり木質環境が、生物に良いということは、直観的にわかることです。

では、マウスにとって、最も生存に不適当な環境はどれでしょうか。という問いでは答えがわかれます。

③の鉄製の箱という意見も多いのですが、答えは、②のコンクリートの箱です。圧倒的な数値で、コンクリート環境が悪いのです。

原因は何なのか？　想像されるのは「冷え」です。コンクリート打ちっぱなしのなかでは、マウスは、寒い状態にあり、親マウスも落ち着いて乳を与えることができず、子マウスも成長もしないし、栄養失調で死んでしまいます。

素材の異なるケージでのマウスの生存率と成長

生存率

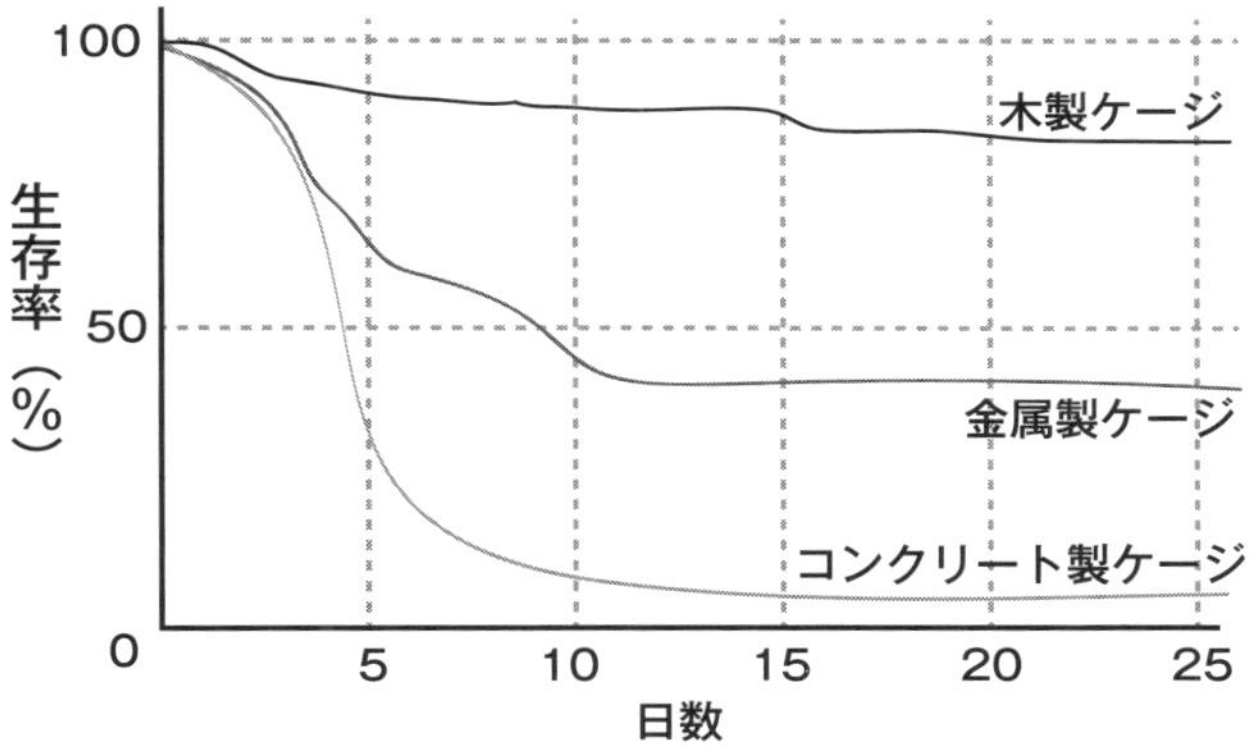

成長

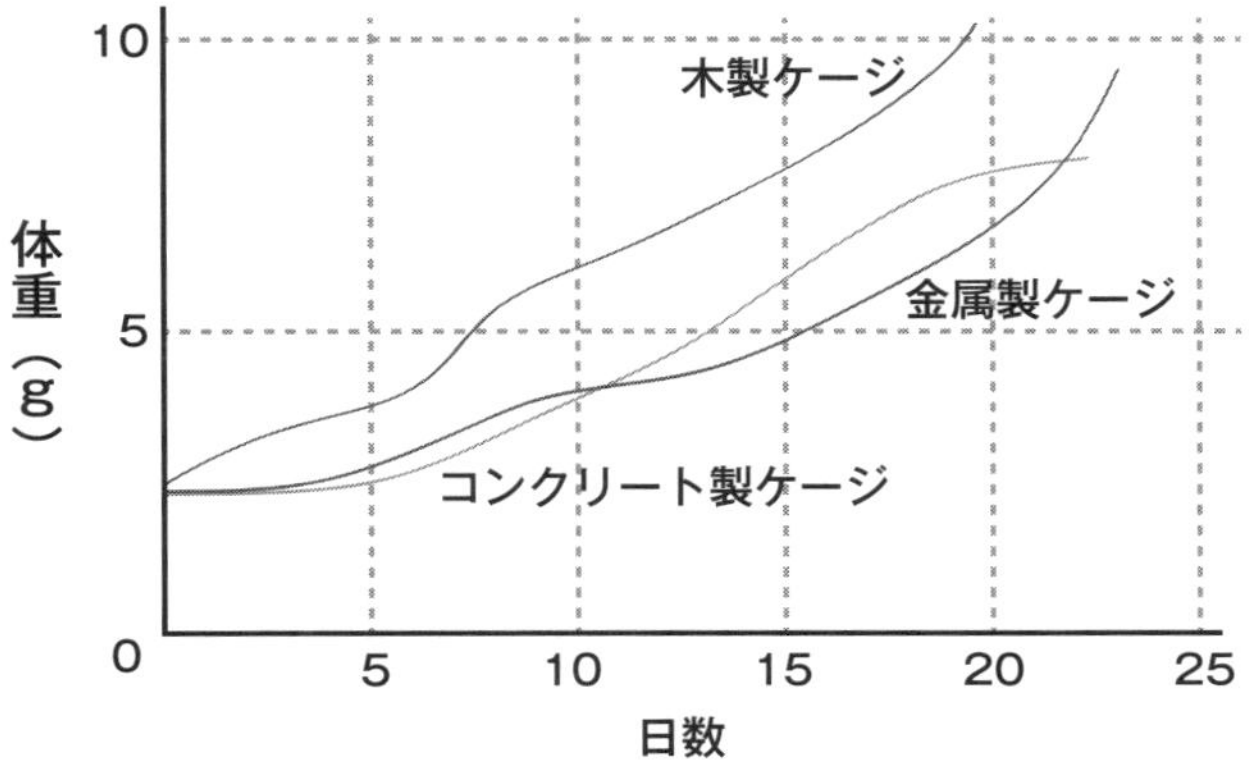

伊藤他：静岡大学農学部報告（1987）

そしてコンクリートの箱の中では、親の育児放棄、子殺しのような現象が起こると、言われています。どこかで聞いたことがある話ですね。

この実験に中心的に関わった有馬孝禮先生（東京大学名誉教授）は、講演の結びで、いつもこのように言われます。「これはマウスの実験であって、人間のことではありませんよ」と。

有馬先生のような社会的地位の高い方が、コンクリート住宅に住むと早死するなどと発表されたら、社会的に問題が発生するでしょう。

しかし、マウスに悪い環境が、人間にいいのでしょうか?

人間はマウスの様に、1カ月や2カ月で、結果が出るような、単純な生物ではありません。20年、30年という時間軸のなかで、人間の心身の健康が、人格がつくられていくのです。

子どもたちが多く生活する学校は、木造校舎から鉄筋コンクリートに変わりました。

住んでいるのも、コンクリート。そして大人になってから働くオフィス環境もコンクリートだったら、その固体として人間はどうなるでしょうか？

このように書くと、マンションに住んでいる方、コンクリート造の団地に住んでいる方は、自分が早死してしまうのか、暗い気持ちになってしまうかもしれません。しかし、有馬先生は、この実験を進化させています。

コンクリートの箱、鉄の箱の中に、木の板を壁に貼ったのです。つまり、内装を木に変えるというリフォームをしたのです。

すると、コンクリート、鉄の箱でありながら、マウスの個体の成長、生存率が飛躍的に伸びていくのです。

コンクリートという「冷え」を呼び込む住環境に、木の壁を貼ること、つまり木質内装リフォームをすることで、生物が住みやすい環境につくり変えているのです。

マンションリフォームの場合、機能面のリフォームと、環境面のリフォーム、つまり、目に見えて、手に触れるところを、どのように変えるのか、に大きくわけられます。

第2章

いいリフォームは「業者」で決まる

リフォーム業者選択の三つのポイント

本書の題名通り、リフォームを「いいリフォーム」にするかどうかは、業者の選択にかかっています。ぜひ次に掲げる三つのポイントで、どの業者がいいか、チェックしてみてください。

①業者のルーツを知る
②業者が、どんな素材を使うかを知る
③業者の哲学を知る

それでは、一つひとつ、解説してみていきましょう。

業者のルーツを知る

リフォームは、1500万円以下の工事であれば、資格はいりません。その意味で、新規参入する業者が多くあります。

リフォーム業を名乗る以上、住宅にかかわることは、全般的にわかっていると思われがちですが、意外にそうでないケースが多くあります。

住まいづくりの中心的存在は、今も昔も大工、工務店です。大工さんの技術なくして、ほんとうにいい住まいづくり、いいリフォームはできません。その大工さんの頭ともいうべき、「棟梁」という存在がいて、大工だけではなく、さまざまな職方（塗装屋、クロス屋など関連する協力業者）を管理し動かしていくのです。

しかし、時代の変化、エンドユーザーの要望（ニーズ）の多様化等々により、大工の力が弱くなってしまいました。

外部の環境のせいばかりではないでしょう。大工、工務店自身が、その技術力の上に、大工が住宅づくりの中心という考え方に、あぐらをかいてしまったからこそ、時代の変化についていけなくなってしまった、と言えるかもしれません。

住まいづくりは、大工棟梁が職人のリーダー的存在で元締めでした。その下に、いろいろな職人がいたのです。

しかし大工が、その元受《もとう》け的地位を、他の職方さん、例えば、水道屋さんや塗装屋さんに、譲ってしまったのです。そして大工自身は、日当だけをもらう一職方になってしまったのです。

リフォーム業者に聞いてみてください。

「あなたの社長さんの、元々の仕事は何ですか?」と。

「水道屋ですよ」とか「ペンキ屋ですよ」とか、はっきり言える営業やスタッフならいいですね。

「サアー」とか「わかりません」というのでは困ります。自分達の仕事の得手不得手がわかっていないということです。

それほど、住まいづくり、リフォームは、多種多様な業者が参入してしまっているのです。

外側から見ると、すべてプロに見えるかもしれません。しかし、その会社の技術力や考え方は、千差万別です。特に、大手建材メーカーなどは、自社商品をより多く売るために、また末端の職人を囲い込むために、同社のブランドを使ったリフォームショップ、リフォーム店を名乗らせることも多々あります。それが悪いのではなく、ブランド化によって、見えなくなってしまっていることが、往々にしてあるということなのです。

どうぞリフォーム業者に聞いてください。

「あなたの会社のルーツは何ですか？」と。

業者がどんな素材を使うのか知る

リフォーム工事のなかで、例えば、システムキッチンを取り替えたいのならば、A社、B社、C社の展示場に、お客様をお連れすればいいのです。そこで自分の予算、趣味を鑑み、A、B、Cのどれを選んでも結構です。ユニットバスを選ぶのも、トイレを選ぶのも、それほど難しいことではありません。

どこのリフォーム業者に頼んでも、それらのものは、ブランド化されたメーカー商品を選ぶことにかわりありません。

しかし、床材（フローリング）や壁材にどんな素材を選ぶかによって、そのリフォームが成功するか、失敗するかが決まります。

リフォーム業者の思惑と、お客様の目的は違います。

多くのリフォーム業者にとって、安い原価の商品を簡単に施工し、利益をより多く得ることが最大の目的と言ってもいいでしょう。

業者が利益を得るのは当然のことです。しかし、それが適正であるかどうかがポイントです。

ではリフォームをする側のお客様は、どうでしょうか？　リフォームを通して、快適で、新しい生活を求めているのではないでしょうか？　もっとつきつめて言えば、健康的で幸福な家庭生活を求めているのではないでしょうか？

しかし、そのお客様の想いも、業者の都合の論理で、疎外されているとしたら、悲しいことです、

いや、悲しいだけではありません。ひどいことです。

住まいを求めるほとんどの方々が、木を中心とした自然素材を求めています。

塩化ビニールの壁材（ビニールクロス）よりも、木の壁材を求めています。床材にしても、カウンターにしても、階段にしても、木材を求めています。しかし、それが新築であれ、リフォームであれ、業者は木材を使うことを、推奨しません。

「木は割れますよ」
「木はねじれますよ」
「木は変色しますよ」
「木には、節がありますよ」
「木は高いですよ」

さまざまな理由をつけて、住宅のなかで、木材を使わないようにしています。最近、リフォームの相談に来られたお客様から聞かされた言葉には、大変びっくりしました。

ある有名なリフォーム会社の営業マンに「木は、排気ガスなどを吸っているので、柱や板などの木製品になった場合、室内に悪いものを吐くんですよ」と言われたのだそうです。

そして、それを真に受けてしまわれていたのです。

まったくの都市伝説です。木は、二酸化炭素を吸って、光合成を通して、酸素を供給します。木材は、柱や板や家具である以上、二酸化炭素を固定化していきます。腐ったり、燃やしたりしない限りは、空気中に、二酸化炭素を出すことはありません。

「木は割れても、反っても、ねじれても、節があっても」、木は人間の生活環境のなかで大切なものです（素材としての「木」については次章を参照）。

人間が心身共に健康に暮らす生活環境には、木が必要なのです。木が大切なのです。

割れない、反らない、ねじれない、節がない、経年変化のない素材は、自然素材ではありません。生きている素材ではありません。

木材のような柄のある塩化ビニールシート。フィルムに木材の柄を印刷した紙に塗料を塗った素材。このようなものが、現代の住宅の内装資材として主流です。分譲住宅、マンションも含めたいわゆる建て売り住宅として売られてているのは、このような「木のようなもの」「木のように見えるビニール」「木のフェイク（偽物）」でおおわれている住宅なのです。

木材がなぜ、住宅供給業者に嫌われるのか？
それは「木材モドキ」のいわゆる新建材は、工場で生産でき、施工が簡単なのです。木材は、一本一本、個性があり、木の特性を熟知している大工職人のスタッフがいないと、木を活かした住まいづくりは、できないからです。

そして、「クレーム」対応や、木のほんとうのよさを説明できるスタッフがいるかどうかも、その業者が木材を活かした住まいづくり、リフォームができるかどうかに関係していると思います。

木材そのものは、今や決して高価な素材ではありません。新建材、「木材モドキ」の内装材の方が、かえって高価な場合があります。ただし、施工にかかるコストは若干高いかもしれません。しかし、人間が健康的に住む環境のための素材として、木材を捉えるならば、決して、高いものではありません。

業者の哲学を知る

哲学というと、ちょっと大げさな感じを受けるかもしれませんね。哲学と言っても、カントがどうの、ソクラテスがどうのという話ではありません。

業者がどのような住宅観を持っているかという意味での、哲学です。

住まいは、「衣・食・住」の人間の生存にかかわる重要な事柄です。ですから、一般の商材やサービスにかかわる業者さんが「我が社はお客様第一主義です」というのとは、まったく次元が異なるものです。

住宅供給業者（当然リフォーム業者）が、間違った住宅観（哲学）を持ち、それに基づいた施工をしたとしたら、不幸になるのは、大金を払って、リフォームをしたお客様です。

こんな話があります。ある有名なハウスメーカーの営業マンが、1、2回の打ち合わせでできた見積りをもとに、お客様に契約をしてくださいと言うのです。もっとすごいのは「契約だけでいいんです。お金を払わなくていいんです。解約してもいいんです。今月は契約件数が足りないので、協力してください」と言うのです。

あなたなら、どうしますか？　優しい方なら、そんなに困っているのなら、契約だけでもしてあげようか、と考えるでしょうか。

私は、こういう営業マンのいる会社（実は有名企業。実名を出せないのが、残念ですが）の社風を疑います。どんなにかっこいいことを言っても、どんな素晴らしい哲学があったとしても、それは、本物なのでしょうか？

お客様が住宅メーカー、リフォーム業者を選択する際に「営業マンが熱心で、誠実そうだったから」という理由を挙げる方がいます。

しかし、その営業マンは、一般的に、契約までの営業であって、契約までは、誠実で熱心であっても、その後の新築やリフォーム工事には、誠実であり、熱心であるかは、わかりません。

家を建てる方、リフォームを考えている方、是非とも、住宅供給業者に質問してほしいのです。

「人が住宅を求める目的は何ですか？」
「住宅は何でしょうか？」
「いい建物と、いい住環境の違いは何でしょうか？」

住宅づくりのプロと言われる住宅供給業者にも答えられる人が少ない質問です。私たちの周囲で行われている住まいづくりの現実は、住宅の本質を知らない、「プロ」と言われる人々が、住まいづくりをミスリードしていると言っても過言ではありません。

そして、住まいづくりの現場では、大工をはじめ職人の力が、大変重要なのですが、「日当」という、人工計算で管理されてしまい、職人本来の「いい仕事をやりきる」という意欲が低下してしまっている、と思います。

住宅の三大要素の、ヒューマニティーを思い出してください。

住まいづくりの現場を担っているのは、職人です。職人が、どんな思いで仕事をしているかを想像してください。
もし、「安さ」のみを売り物にしている住宅メーカーなら、そこで働く職人さんが高い工賃で働けるはずがありません。その職人さんの心のつぶやきを聞いてみましょう。

「ああ、こんな手間賃でやってられないなあ」
「こんな安普請で、住む人の顔が見てみてえや」

というマイナスの想念がうずまいていたとしたら……。
住まいづくり、リフォームも、住む人と業者の合作なのです。

「三方よし」という言葉があります。

近江商人の考え方を代表する言葉です。売り手よし、買い手よし、世間よしの三方よしです。

売り手とは、サプライヤー、住宅供給業者です。

買い手とは、お客様、お施主様、家を建てる人、リフォーム工事を発注するお客様です。

世間とは社会です。世の中です。

買い手を単なる「消費者」と位置づけるなら、売買の関係です。一つのパイの利益を、どちらが選ぶのか？　になってしまうかもしれません。私は、古臭いかもしれませんが、この「三方よし」という言葉が大切だと思います。

この三方よしが、循環型の、新しい生活、経済のスタイルになっていくのではないでしょうか。

リフォーム業者はどんな業者か？

リフォーム業者やリフォーム屋さんと言われて、みなさんは、どんな印象をお持ちですか？

お年寄りだけが住んでいるお宅を訪ねて、「家の土台を虫が喰っていますよ」とか「屋根の瓦の無料診断をしましょう」とか「外壁塗装が、そろそろですね。壁がひび割れていますね」等々のトークで、お客様に恐怖心を与える業者がいるようです。

また、ときどきマスコミで報道される、家の土台が腐っているからとか、虫よけのためだからとか言って、役に立たない空調装置や耐震金具を設置して、法外な金額を請求するリフォーム業者もいます。

そんな悪徳リフォーム業者は、全体から見れば、ほんの微々たるものなのでしょうが、リフォーム業者そのものに対するイメージは決してよくはないのではないでしょうか。

すでに述べたように、ある一定の金額以下のリフォーム工事は、建設業の許可のない業者が行うことができるのです。

建設業のプロでなくても、リフォーム工事ができる、ということが、意外に知られていない現実だと思います。

リフォームが、新築とはまた異なる点から、住む人にとって、重要な役割を持っているというのは、前章で述べた通りです。

生活のあり方を変える大型リフォームからドアノブの交換、棚一つつけてちょうだいという簡単な小リフォームまで、すべて住む人にとっては、生活にかかわる大事な工事です。

しかし、リフォーム業者にとっては、売り上げの上がる大型リフォームは、やりたい工事ですが、ドアノブ交換はやりたくない工事、かもしれません。

そうすると、そもそもなぜ、リフォーム業者が誕生したのか、という根本的な問題に行きつきます。

新築注文住宅にしろ、分譲住宅（建て売り）にしろ、マンションにしろ、すべて、購入先のハウスメーカーなり、工務店なりがいます。住まいを購入した方は、まず、何かあれば、そのハウスメーカーなりに連絡をするのです。また、それが当たり前です。

ですが、その第一報を受けたハウスメーカーや工務店といった業者は、どう感じることでしょうか？

「うん！？　何かクレームかな？　イヤだなあ」

「棚一つつけてくれ？　サービス工事かな？　お金もらえるのかな」


などと、さまざまな思いが、頭の中で、グルグルまわっているはずです。

どんなに有名なハウスメーカーで、家を建てたとしても、建て替えは、そのハウスメーカーでは、あまりする人は少ない、と言われています。

それは、住まいづくりは完成引き渡しのときが、１００点満点で、その後は、どんどん価値が下がってしまうからです。


業者とお客様の関係は、もっとひどい場合があります。

契約のときは、期待と信頼感で、両者の関係は、１００点満点。

工事が進むにつれて、どんどん関係性が悪くなって、引き渡しの段階になると、お客様の方も「こんなはずじゃなかった。失敗した」という気持ちになってしまう方もいます。

そういう関係のなかでは、クレームをつけられて、工事代金を一部支払っていただいていないとか、追加工事の費用が未払いになっているとか、いろいろあるのが現実です。

そんななか、お客様から電話があれば、「またか」と身構えてしまうのも、仕方ない面もあるかもしれません。

しかし、何度も言いますが、ドアノブがまわらなくなった、棚が一つほしい、建具のしまりが悪いなど、どんなに小さな工事でも、住む人にとっては重要な、そして重大なことなのです。

にもかかわらず、業者の立場だと「またクレームをつけられるかもしれない」という恐怖心から、お客様に会えない、お客様対応できない、といった、本当に情けない状況になっていくのです。

これは大手ハウスメーカーであれ、有名分譲住宅メーカーであれ、また地場工務店であれ、現状は同じです。

とはいえ、一次取得にかかわった住宅供給者が、お客様のお困り事の第一報を受け、それに対応するのは、当たり前ではないでしょうか。

私たちは、住宅の引き渡しの際に、お客様に「この住まいがある限り、アフター工事をさせてください」とお願いします。アフター工事は、有償のもの、無償のもの、いろいろあります。しかし、アフターサービス、対応はすべて引き受けますとお話ししています。

一次取得にかかわった住宅供給業者が、アフターサービスをやる。この住まいは、私たちの子どものようなものですから、お客様、ご家族のライフステージの変化とともに、私たちがアフターフォローしますと言っていれば、「リフォーム業」などという職種は誕生していなかったかもしれません。

建設業界が、新築住宅を指向していたこと、一部大都市及びその衛星都市に、人口が集中し、都市化することによって、既存の共同体が崩れてしまったこと等が影響して、お客様と、出入りの職人、出入りの大工、工務店という関係が、崩れてしまったと言えるでしょう。

そこに、リフォーム業者が、誕生したのです。

安さと適正価格

住まいづくりやリフォームのなかで、「安さ」を全面に押し出している会社があります。

本当に「安さ」だけで、その業者を選んでいいのでしょうか？

こう言いますと、「御社の工事は安くないんですね。高いんですね」と言われてしまうのが落ちですが……。

実は、この「安さ」には、気をつけていただきたいのです。デフレ社会、右肩下がりの経済状況下のなかでは、「安さ」は重要な要素です。しかし、「安さ」だけで、私たちの人生の器ともいうべき、住まいづくり、リフォーム工事を選んでしまっていいのでしょうか。

「安かろう、悪かろう」という言葉は、今や死語になってしまったのでしょうか？柱を8本建てるべきところを、7本しか建てなかったら、あるいは、6本しか建てなかったら、コストは安くなります。正規に8本使う業者と、7本あるいは6本しか使わない業者では、コストが違います。「安い」見積りを、お客様に提出することができるでしょう。

しかし、これが「安い」のでしょうか？　単なる「手抜き」または「欠陥工事」ですよね。

よく「大工工事一式」とか「塗装工事一式」といって、明細を省略する業者さんもいます。

そのすべてが、いい加減などというつもりはありません。ちゃんとしている会社もたくさんあります。

しかし、単なる金額の「高さ」や「安さ」で比較するのは危険です。同一条件のもとで比較すべきです。

当たり前のことですが、業者も企業ですから、適正利益を得て、会社を運営し、存続しています。

では、適正利益とは、いかなるものでしょうか？　会社の規模もあるので、一概には言えないのですが、新築であれ、リフォーム工事であれ、住まいづくりの仕事は長いお付き合いになります。「安さ」だけで、業者を選んでいたら、業者もついてきません。

ましてや、リフォームの場合、大工事、中工事、小工事、いろいろな価格帯の工事があります。目先の「安さ」だけでは、解決できません。

お客様もよく、業者もよい、そうでなければならないと思います。「三方よし」に根付いている適正価格でないと、だめだと思います。

工事が終わって連絡したら、その業者がつぶれていた。「あんまり安くさせられたから、お宅の仕事はもう受けたくない」なんていう業者がいたら、どうしますか？

「安さ」という価値観だけで、業者選びをすることは、将来的に見ると、極めて危険です。

予算に敏感であることは当然のことです。かけがえのない自分のお金を使うのですから。慎重になるのは、当然のことです。

しかし、リフォーム工事は、新築よりも、ある意味では、難しいのです。新築は「無」から「有」が現れるので、はっきり結果が見えます。見積り通りの仕事ができます。

しかし、大型リフォームの場合、見えない部分が多くあります。工事を進めていくうえで、わかっていくことが多々あります。床の下地をはがしてみたら、土台が腐っていたとか、土台がずれていた等ということが発見されたとします。

「安さ」を売り物にしている業者が、お客様に正直、この現状を報告するでしょうか。「やった！　追加工事ができた」と思うより、「客から、『見積り漏れでしょ。サービスしなさい』なんて言われかねないから、だまっておこう」などと考える業者がいるかもしれません。

「安い」という価値観のなかには、こういう危険性が、ひそんでいる場合もあるのです。

「安さ」を売り物にする業者のチラシのなかには、「○○工事△△万円から、××工事□□円から」という表示があります。この「から」が、なかなか曲者です。一見安そうな価格を、オープン価格にするという手法です。

建築の世界は、価格がわかりにくいです。オープン価格は、一見親切に見えるのですが、現場も使用も、みんな違うわけですから、チラシで一律に価格を表示するのは、いかがなものでしょうか？　単純な物販と住まいづくり、リフォーム工事を一緒にするのは危険です。

我が社もチラシのポスティングをしています。しかし、一切工事価格は書いていません。また「安い」の表記もしていません。「安さ」を売り物にしたくないからです。かといって、お客様の予算を無視しているのではありません。

お客様の予算は、絶対的要素です。予算は有限です。そのなかで、何を優先させ、何を選択していくかが重要です。

しかし、お客様のなかには、業者になかなか予算を具体的に提示しない方もいます。

小出しに予算を提示する方もいます。

リフォームしたいけれど全体のイメージをつくっていない方もいます。ですから予算配分にも苦労します。しかし、予算とリフォームで何をしたいかを明確にしないと、何も進みません。リフォーム業者は、それを具現化するだけです。

「安かろう、悪かろう」「安物買いの銭失い」という昔の日本人のつくったことわざは、生きています。「安さ」のみを追求していると手痛い失敗があるのです。

リフォームは出費か投資か

住まいづくりやリフォームを出費と捉えるか、投資と捉えるかで、考え方が随分変わってきます。

出費は出ていって、もう返ってこないお金です。

しかし、これが投資であれば、配当というものがあります。また、売却したときに、無価値な住宅ではなく、再販可能な、あるいは文化になるような住まいになれば、投資と言えるでしょう。

では、配当と言えるのは何でしょうか?

まず、住んでいる人の心身の健康です。アレルギーやシックハウス症候群のような状態にならないこと。

うつやひきこもり等が起きないこと。

家族の信頼関係も、住まいづくりも、リフォーム工事の大切な配当です。

もし、リフォーム工事をして、家族の誰かが健康でなくなってしまったら、もし、リフォーム工事をして、家族同士が仲良くなくなったとしたら、そのリフォームは失敗したと言えるでしょう。

住宅は、量から質に転換しました。

一軒の住宅に同一の家族が住み続けるということは、今後はあまりなくなるでしょう。土地の値段の高い首都圏や大都市では、土地付き中古住宅を買って、リノベ（リフォーム）をする方が増えてくるでしょう。

また、どれだけリフォーム履歴があるか。つまり住宅として、どれだけ定期的にリフォームされ、維持管理の工事をされてきたかが問われている時代になりました（住宅のインスペクション（診断）制度）。

住宅は個人の所有であると共に、社会資本として、位置づけられるようになってきたのです。その意味で、誰かが、今、あなたの行ったリフォーム工事の利益を享受することも十分にあり得るのです。

有名だからか、無名だから信用しないのか

少子高齢化、人口減少によって、住宅の着工数は年々減少しています。

今まで住宅「産業」は、新築中心に行われていました。しかし、これからは、空き家を含めた中古住宅を、どのように流通させていくか、ということが日本の社会問題になっています。

テレビCMを行っているような有名な住宅メーカーや着工数を誇る建て売り住宅メーカーが、本当にいい住まいを建てているのか？　これはなかなか難しい問題です。

住宅は、自動車や高級家電のような「商材」と一律に論じられるものではありません。

有名な住宅メーカーの市場占有率（シェア）は、単独で10％を超えるような会社はありません。最もシェアが高いのは、実は「地場の工務店」なのです。年間一棟しか建てないような工務店も含めて、地場の工務店が全体の約65％以上を占めているのが現実です。

本来、住まいづくりは、大手ハウスメーカー等のように、大量生産型は、なじまないものです。なぜなら、住む人の要望、家庭環境、立地（敷地）は、千差万別だからです。

本来、建て主さんの要望に対して、一品受注型に対応する住まいづくり（リフォームを含めて）こそ、本来の住まいづくりのあり方だと思います。いたずらに棟数や売り上げを誇る住まいづくりは、お客様を無視した住まいづくりになってしまっています。

住む人が住宅を選ぶのではなく、規格住宅に住む人が合わせているというのが、現代の住宅「産業」の現実です。

戦後の住宅「産業」は、1980年代以降を顕著に、大手志向になっていきました。大手志向とは、大資本による工業化住宅です。

いわゆるプレハブ住宅は、熟練の大工職人を必要としない工法による建物です。

内装材もクロスを中心に、建具や枠なども、塩化ビニールによってつくられた、木に見える、石油化合物製の、いわゆる新建材によっておおわれています。

ここでは、木材を中心とした自然素材も大工職人もいらないのです。

手づくりの要素を極力減らすのが、大手の手法です。

大手であろうが、有名な業者であろうが、また無名な会社であろうが、現場で働くのは、職人です。木工事なら大工、塗装工事なら、塗装屋。各々の職種のエキスパートがいるのです。これら職人の質と、職人に支払われる賃金によって、工事の質は決まります。

大手企業であればあるほど、工事そのものにかかわらないコスト(販売管理費)は高くなります。

各種メディアの広告宣伝費等、工事そのものにかかわらない費用が大きいというのはおわかりいただけると思います。

仮に１００万円のリフォーム工事があったとしましょう。お客様と業者の間の契約が１００万円だ、という意味です。

Ａ社は、テレビＣＭもしている程の有名な会社です。打ち合わせには設計士やインテリアコーディネーターが同伴するといった形です。

Ｂ社は、広告といっても、ホームページ程度、口コミや地場の仕事が多い。打ち合わせも、営業が職人を伴って、実務的に打ち合わせ。

Ａ社の工事そのものの原価は、40万から50万円。Ｂ社は75万から80万円くらい、だとしたら、あなたはどう感じますか？

１００万円の工事で、出来上がり、仕上がりはＡ社、Ｂ社共に、ほぼ同じに思えます。しかし、工事そのものにかかったコストには、だいぶ差がありますね。

こういうことも言えるかもしれません。Ａ社のような体質の会社は、間接的な部分にお金がかかるあまりに、工事そのものに予算を遣えなくなってしまっている、と。

逆にB社は、小回りの利く企業体質なので、工事そのものに予算をつけることができるのです。適正利益で仕事ができるのです。

B社は、100万円の予算で、A社の200万円の仕事ができる、といっても過言ではありません。

しかし、世の中は、大手志向だ、と先に言いました。ブランド力のあるメーカーか否か、大量生産されているか否か、つまり認知度があるか否か、こういった基準で、物事を考えていくと、工事そのものに、大工や職人の技量の差や、素材の良否は問われなくなっていくのです。

大手は職人の熟練度や素材の良し悪しと関係のない工法を考えていきます。新築で、自然素材を使わないのならば、それも可能です。小工事でも可能かもしれません。

しかし、中古住宅で、大掛りのリフォーム工事では、熟練の職人が必要です。

職人も単なる手間受け（一日をいくらとする職人の賃金制度。一日仕事をすれば、いくらといった支払い制度）では、職人が本来持つ、仕事に集中していいものを、予算とは関係なくつくっていくという精神は発揮されません。逆にこの手間賃では、これしかできないというマイナス思考が、工事現場に蔓延してしまうのです。

A社もB社も、大手であろうが中小零細企業であろうが、現場をまわしているのは、さまざまな職方です。職人です。この人たちに支払われる賃金が、毎年コストカットされるべきものであれば、現場は疲弊してしまいます。そして最終的には、外国人労働者やロボットを使わざるを得ません。

職人の世界は厳しいです。大工は、ダイクと発音しますね。クは「九」に通じます。九に達していない職人のことは、大六（ダイロク）や大五（ダイゴ）と呼びます。

職人の質の判断もなかなか、難しいものです。職人は資格で守られている世界ではありません。たとえ資格があったとしても経験がなければ、それを活かすことはできません。資格がものをいう時代というのも、やはり大手志向なのかもしれません。

昔は「手に職を持て！」という言葉がありました。勉強が嫌いだったり、経済的理由で上級学校へ行けなかったりする子どもたちには、親は一旦手に入れたら死ぬまで使える職人の技というものを受け継がせようとしました。

子どもたちは中卒で、高卒で、職人の親方のもとに住み込んで、その職人の技を修得していったのです。

この「技」を「技」として認め、正当に対価を払うシステム。そしてこの「技」がなくなったら、お客様の要望、そして既存の中古住宅のリフォームなど、できないものです。

職人や関連業者を泣かせて、大きくなっているような会社。自分たちの利益が上がって、下職や元受けが泣いているような会社では、いい住まいづくり、いいリフォーム工事は、できるはずがありません。

第3章

いいリフォームは「素材」で決まる

リフォームは生活改善、そして人生を快適にする

リフォームは、今の生活環境を変えることです。

それは、ドアノブ一つ取り替えることから、新築と見間違うほどのリフォームまでがあります。

どうしても機能性、デザイン性が重視されがちなリフォーム業界ですが、人間が住む環境、幸福な家庭生活を築くという目的が明確でないとそのリフォームは単なる「出費」で終わる、上すべりのリフォームになってしまいます。

私たちが新築においても、リフォームにおいても心掛けていることがあります。

それは、住まいとは「人間が住む」場所であるということです。

機能性を追求しすぎると、耐火だったら◯◯とか、耐震だったら△△という極端な工法や素材が選ばれることがあります。

しかし、一つの機能性を追求するあまりに「人間が住む」という、当たり前のことが忘れ去られている現実があるのです。

住まいを求める人の多くは、木質空間を求めています。できることなら、木造住宅に住みたいと考えています。

エンドユーザーである建て主が、木の住まいやリフォームを求めているのに、これを使わない建築業界の不思議さがあります。木材が建築業界で疎まれているのは、住宅を供給する側の一方的な都合によるものです。つまり「施工性がいい」「経年変化がない」「アフターメンテナンスが楽である」等々は、住宅供給者の都合であって、住む人が本質的に望んでいたものではありません。

「目に見えて、手に触れられるところに木材を使う」ということを私たちは、ポリシーとしています。木は人間にとって最もいい素材であると考えています。考えていいます、という表現には、心情的な感覚が含まれています。

誰もが感じ、誰もが納得している「木のよさ」について、それを客観的に、科学的に証明することは、これまで行われてきませんでした。

ですが、千葉大学の宮崎良文教授を中心とする「木の快適性を科学的に検証する」実験は、人間が生活するうえで、どれほど木が重要であるかを示しています。

まず、その大前提になるのは、「人は自然の一部である」という考え方です。

人は、約700万年の間、自然環境のなかで進化してきました。つまり、歴史的に99.99%以上の自然環境のなかで暮らし、人の体も自然対応型であったのです。しかし、産業革命（18世紀半ばから19世紀にかけて起こった一連の産業の変革と、それに伴う社会構造の変革をいう）によって、人類は、都市環境の生活を余儀なくされたわけですが、時間的にはわずか0．01％にも満たない期間です。人の体は、自然対応用にできているのに、それが都市環境のなかで生きざるを得ないので、現代人はストレス状態にあるのです。

私たちの住まいの問題でいえば、現代住宅はまさに人工的環境です。外部の自然の力を遮断し、人工的な素材（ビニールクロス、塩化ビニールのドア枠、フローリング等々、最近は木目をフィルム化した紙まで登場している！）で囲まれているのです。

近年の住環境は驚くべき変貌を遂げています。

一見、木材に見えるものも、ほとんど塩化ビニール素材の木目調です。本物ではありません。また、木材をフィルムにしただけの紙もあります。こういった偽物の素材で囲まれているのです。フェイク素材で囲まれているのです。張りぼての環境に囲まれているのです。

現代の住宅にあっては、それが規格住宅（いわゆる建て売り住宅を主体）であれ、マンションであれ、ほとんど木材は使われていません。どうぞ営業マンに、設計担当者に「どこに木が使われてますか？」と聞いてみてください。

「ええ、我が社の住宅は、本格木造住宅ですから、柱も土台も木材ですよ」と言うかもしれません。では、こういうふうに聞いてください。

「それはムクの木ですか？　それとも集成材ですか？　その集成材の産地はどこですか？」

それらに明確に答えることができたとしても、柱や土台などの構造材に、どれほど木材が使われたとしても、それを目に見て、手に触ることはできません。

それは、本質的には、「木骨住宅」です。木材を骨組にしている住宅なのです。

私たちが求めるのは、木質の住環境です。

木質の住環境を取り戻せるのは、リフォームだけかもしれません。

続けて聞いてください。なぜ、木材を使わないのですか？

「木材は高いから」→「うそです。安いです」
「木材は施工が難しいから」→「いい職人がいないだけ、経験がないだけです」
「木材は反ったり、曲がったりします」→「天然のものです。変化するのは、当たり前。変化以上のよさがあります。あなたの顔はしわができませんか？　たるみができませんか？」

木材を使わないのは、住宅屋さんの売り手の都合であって、住む人のメリットを考えてくれているから、ではありません。

この状況を変えられるのは、やはり、リフォームしかありません。

しかし残念なことに、住む人もリフォーム工事をする業者も、住宅の目的も本質も知らず、木の重要性を理解せず、また不健康住宅、人工的な環境をつくっていくのです。本当に残念なことです。

木のよさを科学する

私たちは「人間は、自然の一部である」そして「住宅も自然の延長にある」という考え方で、どのようにしたら、自然の恩恵、愛情を住宅のなかに取り入れることができるかを考えて実践してきました。

そして、それは木材を使うことであり、間取りプランニングのなかで、窓の位置を設計し、新鮮な空気と太陽の光を取り入れることでありました。

この素朴な考え方とその実践は、先人たちによって受け継がれたものであり、学問的に裏付けされたものではありませんでした。

ですが、前項で少し触れた宮崎良文先生の研究を紹介しながら、木の良さ、素晴らしさを再考したいと考えます。

宮崎先生の講演タイトルには、「木の快適性を科学的に検証する」とか「木材・森林と適性―生理的リラックス効果を科学する―」といったものがあります。

では、快適性とは何でしょう。宮崎先生はこのように言われます。

「私は『快適性とは同調である』と考えます。『人と環境間のリズムの同調』、つまり、『日常的にわれわれは、ある環境下にいるとき、その環境と自然のリズムがシンクロナイズしていると感じると快適な感じを持つ』ということです」(『木材・森林と快適性』木族Networks)

少し難しい表現に聞こえますが、私たちの言い方でいえば、人間は自然の一部で、住宅環境も本来は自然の一部、自然の延長です。自然状態に近づくこと、そこに快適性があったと言えるのです。

それでは、私たちが主張する「目に見えて、手で触れるところに木を使う」ということの素晴らしさを科学的に見てみましょう。

次ページをご覧ください。ヒノキの壁を見たときの血圧の変化です。

続いてもっとユニークな実験として、「木材率の異なる部屋における視覚刺激」というものがあります。

木材を使った室内をつくります。木材率の異なる部屋をつくります。30%、45%、90%の部屋に目隠しの状態で入ってもらい、その後、目隠しをはずし、その部屋に90秒いるのです。

ヒノキ壁の視覚刺激による収縮期血圧の変化

【好き群】

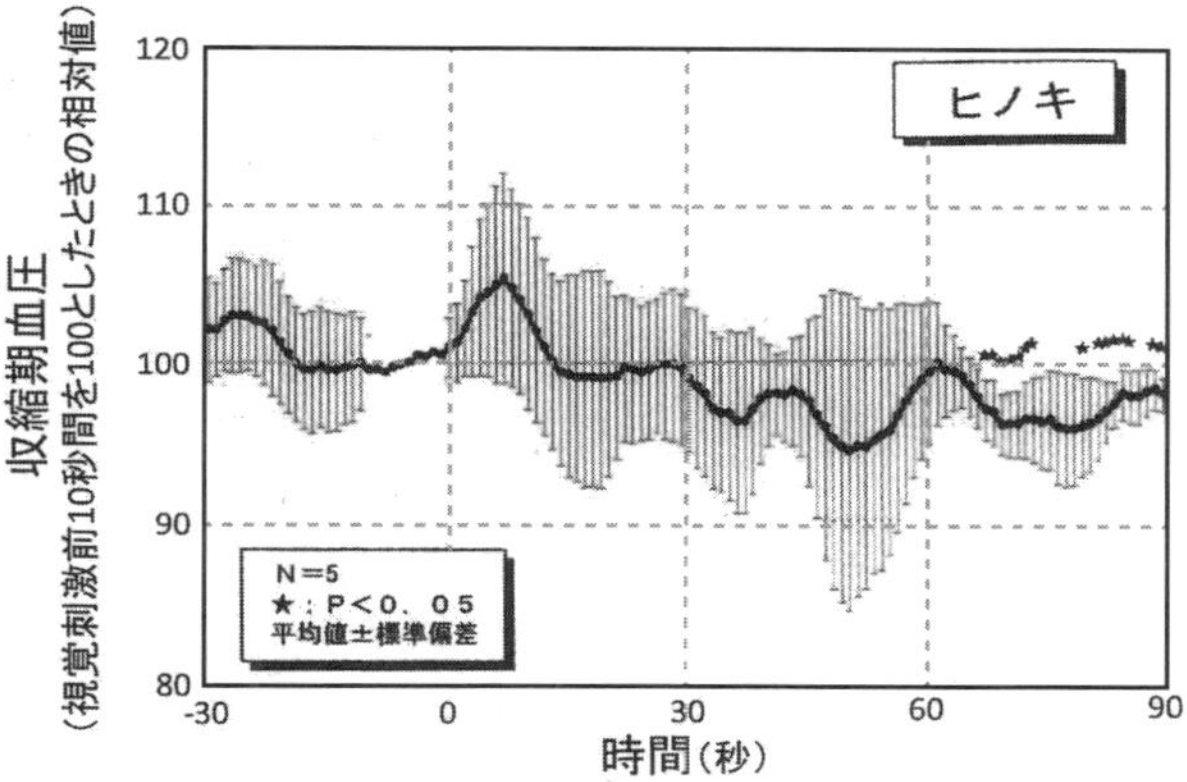

【嫌い群】

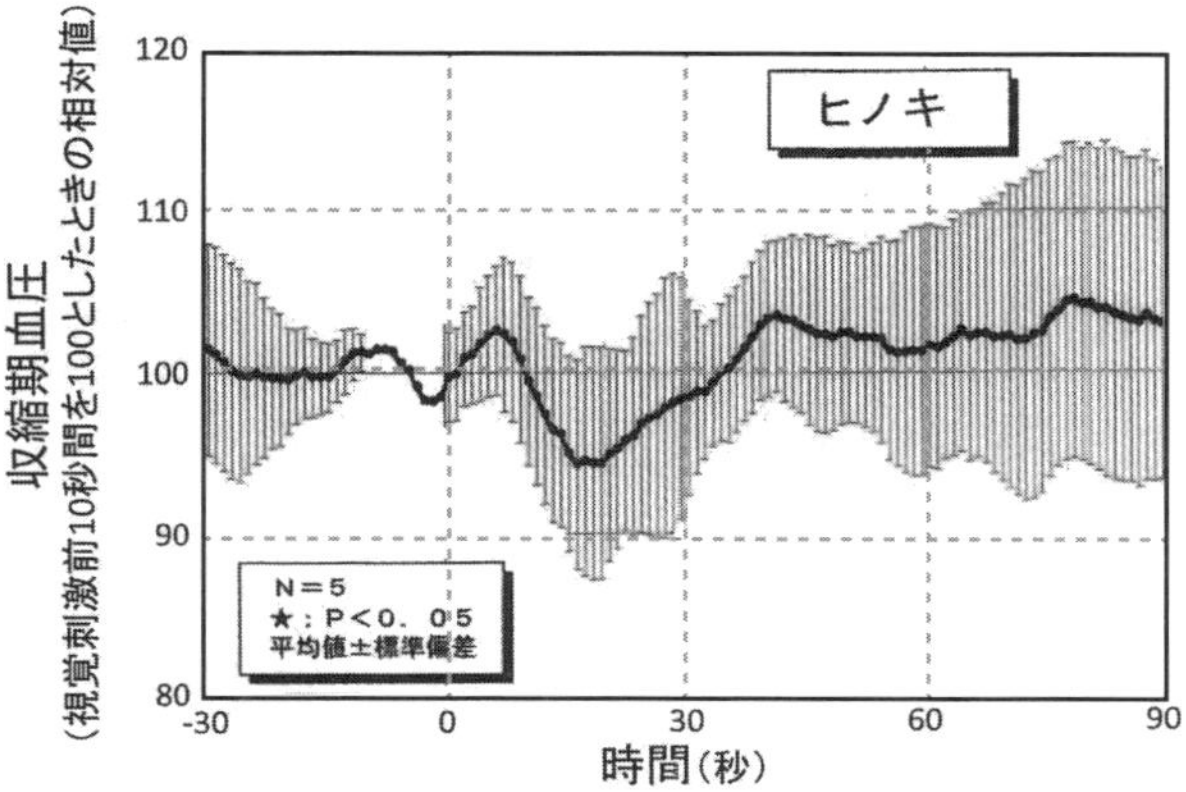

宮崎良文（2017）

宮崎先生の言われる通り「ただ、これは90秒間の刺激なので、住む、住まないという話ではなく、見た目がどうかという実験」かもしれません。しかしこのような実験がなされ、住まいと木材の関係性を見るうえでは、重要です。

それでは先生のコメントを続けます。

「主観評価は、30％も45％も90％もデザインしたものも全部快適です。（中略）最終的には、主観は快適だけれども、木材率30％だと見たときに、脈拍数が下がり、45％のように少し多いと上がるのです。木材率30％だと鎮静化して、45％だと身体はワクワクした状態になっているのでしょう」（『木材・森林と快適性』木族Networks）

90％は可も不可もありません。実験された方の体質や健康状態もあるかもしれませんが、安定です。

木材率の異なる実験居室における脈拍数の変化

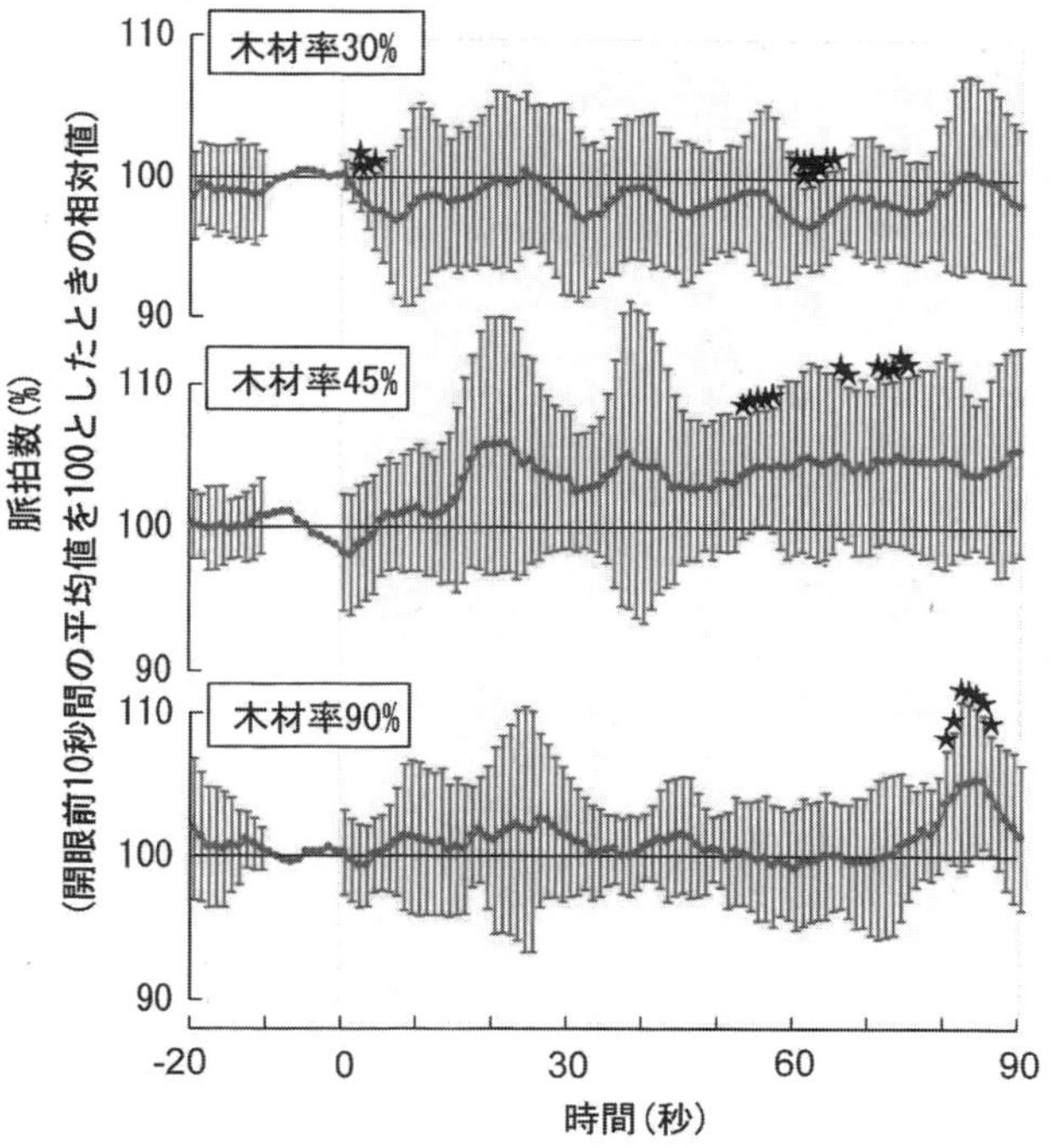

平均値 ± 標準偏差　N＝10
★：P＜0.05　★★：P＜0.01

宮崎良文（2017）

視覚的に木材が与える影響は、非常に重要であると言えます。人間は、マウスの実験のように短期的に結果が出るものではありません。

しかし、人間はマウスのように、どの環境がいいのかは、直感的には知っているのです。

そして、この実験もそれを証明するのには、非常に有効だと思います。

次に「木に触れる」ということが、人間にとってどのような影響があるのかについての報告があります。

「木材への接触が人間の生理・心理面に与える影響の解明」と題した、東京大学大学院の恒次祐子准教授、国立研究開発法人森林研究・整備機構森林総合研究所の杉山真樹先生の論文を引用しましょう。

「ヒノキならびにミズナラへの手掌による接触は、ポリエチレン及びアルミニウムへの接触と比較して、主観的に『あたたかい』『やわらかい』『自然な』という印象を強く与えた。日常生活では木材を見ながら触ることがほとんどであるが、本研究では被験者は目を閉じて材料に接触している。視覚的な要素がなくても木材から『あたたかい』『自然な』印象を受けることが明らかとなった」

「また収縮期（最高血圧）は、全ての材料で接触前の安静時と比較して、接触時に上昇する傾向にあったが、特に無塗装の木材に接触した際には、非木材（ポリエチレン及びアルミニウム）接触時よりも血圧上昇が抑制される傾向にあった。これは材料接触時の生体ストレスがより小さいことを示唆していると考えられる。さらに主観的な温冷感やこのような血圧の変化は、手から材料に奪われる熱の総量が関係している可能性が見出された」（『住宅と木材』２０１８年10月号、日本住宅・木材技術センター）。

木材に手を触れることと、非木材（ポリエチレン及びアルミニウム）に手を触れることの最大の違いは何でしょうか？

それは身体の熱が材料から奪われるかどうかであり、そして、木材の方が非木材よりも血圧上昇が低いということです。

また宮崎良文・池井晴美・宋チョロン氏らの研究では、ヒノキ材に手や足裏で触り、脳活動と自律神経活動を測った結果として、１０１ページの図のような結果が出ています。

「ヒノキ材に手や足で触ると脳の前頭前野活動が沈静化されました。ヒノキ材に触ると、脳が勝手にリラックスすること」が報告されています。また「ヒノキ材に手や足で触ると、大理石に比べ、副交感神経が優位になりました。これは、体が勝手にリラックスすること」も報告されています。

材料接触時の収縮期血圧（接触前からの変化量）

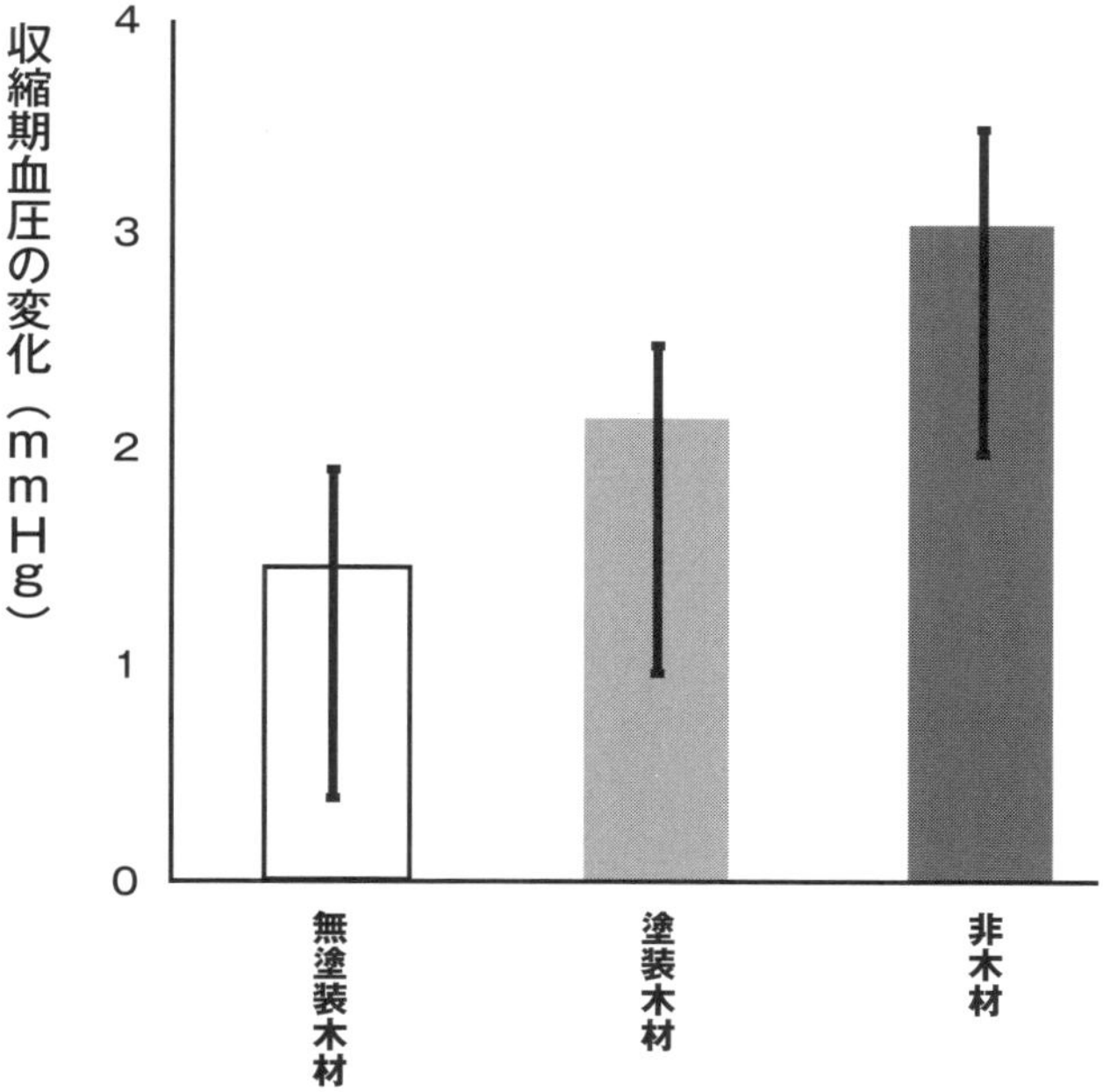

恒次祐子、杉山真樹（2017）

ここでは、ヒノキを実験の素材として扱っていますが、木材一般に広げて解釈することも可能でしょう。一方で日本人は、古来よりヒノキ舞台、ヒノキ風呂、ヒノキ柱などというように、ヒノキに対して、高級木材であるという認識とあこがれ、そして親近感を持っています。ヒノキは日本を代表する針葉樹です。

余談ですが、今韓国では、日本の桧ブームです。ヒノキの内装材で子どもの部屋をつくったり、学習机や家具をつくったりされています。

韓国では、ヒノキの内装材の子ども部屋で勉強すると学力が増進するとか、頭がよくなると信じられています。その根拠は、日本の桧の持つ香りに由来しているのです。

さて次に、その香りについても考えてみましょう。

これも宮崎良文・池井晴美・宋チョロン氏らの研究結果です（103ページ）。

ヒノキやスギ材の香りを嗅いで、脳活動と自律神経活動を測りました。

木材を触る実験

脳がリラックス

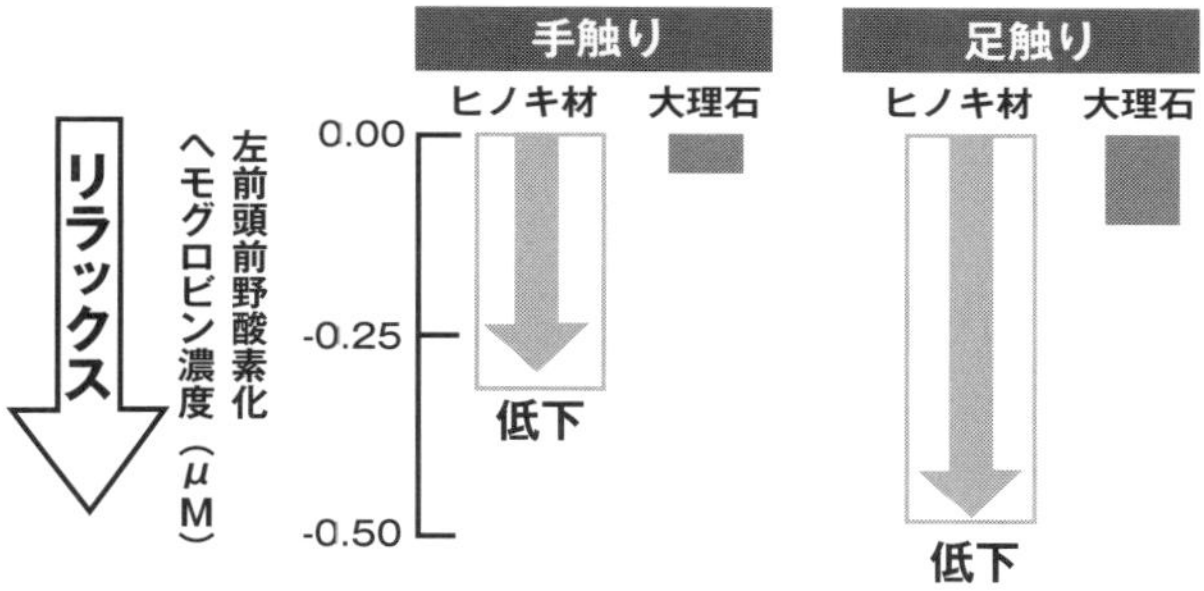

体もリラックス

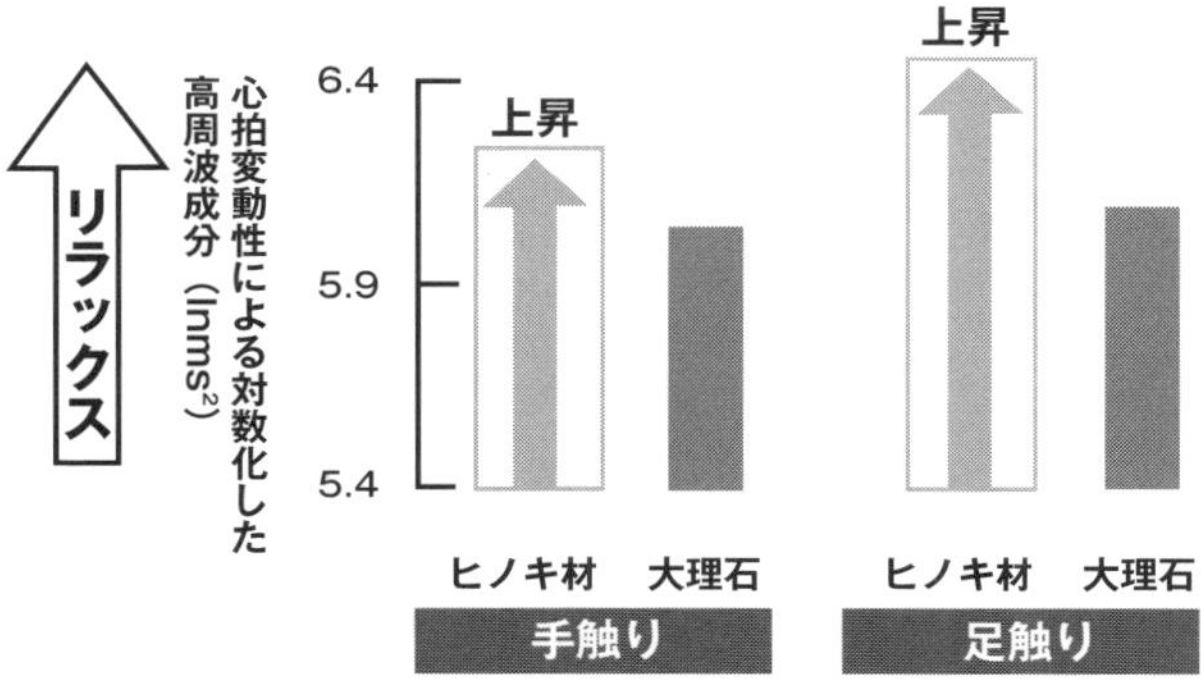

池井晴美、宋チョロン、宮崎良文．（2017）日本木材学会第６７回大会研究発表要旨集、日本整理人類学会第 75 回大会要旨集

すると「ヒノキ天然乾燥剤（屋外等に放置して乾燥）の香りを嗅ぐと、脳の前頭前野活動が沈静化して、脳がリラックスすることがわかりました。スギ材でも同じ効果がある」ことが報告されています。

さらに「木や森の代表的な香りを成分であるα-ピネンの香りを嗅ぐと副交感神経活動が優位になります。これは、体がリラックスすることを示しています。同じく主要な木材の香り成分の一つであるリモネンでも同じ効果があります」と報告されています。

これらの実験の結果は、一般社団法人千葉県木材振興協会の『スギ太郎と木材の不思議』という漫画にわかりやすくまとめられていて、このなかで、怒ったお母さんのことを沈静化できると考えている主人公がいます。面白いですね。

「木は人間の住環境にとって、最も適した素材である」「目に見えて、手に触れるところに木を使おう」という私たちの考え方は、経験のなかから得たものです。

木材の香りを嗅ぐ実験

脳がリラックス

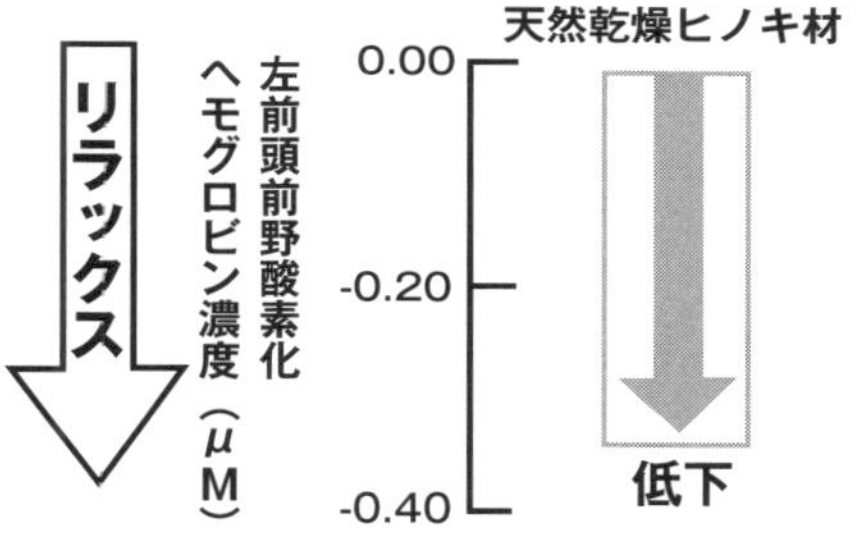

体もリラックス

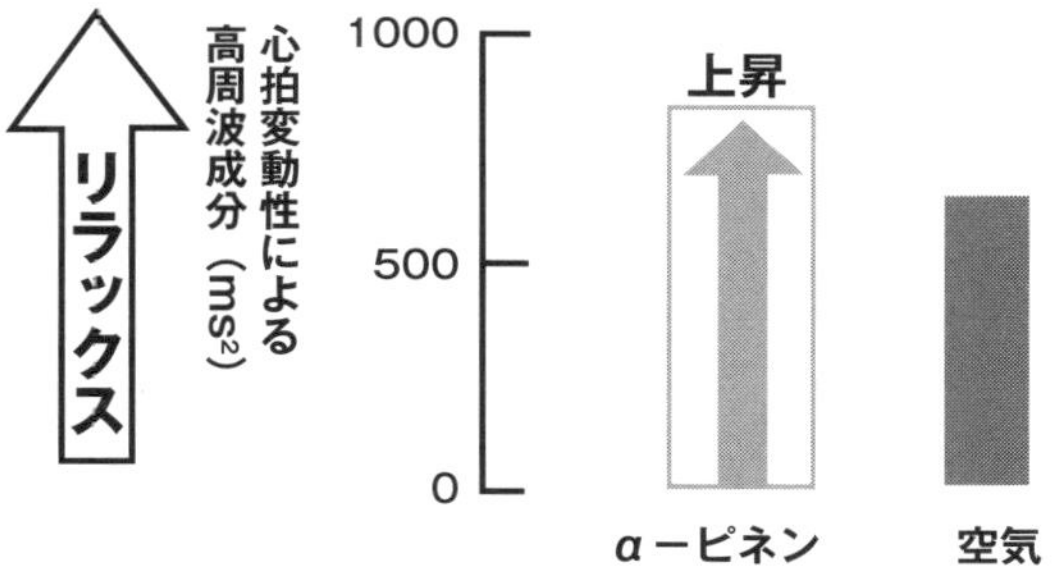

H.Ikei,C.Song and Y. Miyazaki(2016)J.Wood Sci. 61:537-540. 62:568-572.

しかしこのような科学的な裏付けによって、この考え方は理に適ったものだということが証明されています。本当に嬉しく思います。

一方で、この人間にとって、さまざまな面で快適性を保っている木材が、最も人間にとって身近な環境である住まい（学校、職場等も）に使われていない現実があります。そして、その使われていない理由が、まったく住む人（住宅を求める側）の要望ではなく、住宅を供給する側、つまり「住宅屋」の都合によるものなのです。

私は、本当にいいリフォームは、この木材もどきの塩化ビニールの枠材、シート貼りの床材、そしてクロスで覆われた張りぼての現代住宅を変えることだと考えています。それが住んでいる人の快適性（心身の健康、家族の人間関係）を追求することだと信じているからです。

室内環境を木質化するリフォームが「いいリフォーム」なのです。

シックハウスとは何か

シックハウスとは何でしょうか？　文字通り、病気の家。新築住宅に住み始めると住む人が、病気（呼吸困難、頭痛、アトピー、アレルギーといった様々な症状）を引き起こす住宅、それがシックハウスです。

このシックハウス問題は、２００３年7月建築基準法第28条を改正した事によって、一定の解決をしているかに見えます。

この改正の眼目は、ホルムアルデヒドの有害物質の規制と換気扇の強制的な設置義務です。

現代住宅のなかで木材などの自然素材を使わなくなった頃から、合板や新建材などに接着剤が多用されることになりました。その接着剤（ホルマリン）に含まれているのが、ホルムアルデヒドなのです。

実はこのホルムアルデヒドをゼロにする事はできません。合板などではさまざまな表示がされていますが、ゼロではありません。接着剤を使用する以上、ホルマリンを使用する以上、ホルムアルデヒドを発散するのです。

２００３年当時、私自身、木材業界の業界活動をしており、このホルムアルデヒド及び有害物質13種類の規制などにかかわっていたので、よく覚えています。

住宅及び住宅に関わる建材類から発散する有害物質は、ホルムアルデヒドだけではありません。実は当時アセドアルデヒドなど13種の有害物質の規制も問題になっていましたが、結果的にはホルムアルデヒドだけになりました。それは、私のような一介の木材業者が知る由もないのですが、何らかの化学物質を多用する建材メーカーの何らかの圧力があったと考えるのは考えすぎでしょうか。

いずれにせよ、この室内に発散され、充満している有害物質を強制換気によって、室外に屋外に出そうというのです。

危険な化学物質である新建材が住宅に使用され始めたのは、1955年頃からですが、半世紀にもわたる長期間、毒性のあるガスを吐き出す新建材が内装材として無防備なまま使用されてきました。

しかし、1973年までは、どんなに地下資源（石油を由来とする石油化合物）を多用しても、新建材による弊害は、どこからも聞こえてきませんでした。それには理由があります。それまでの日本の住宅は、高温多湿の気候風土に適応するために開口部（窓）を多くとり、施工システムも伝統工法による在来型の住宅が多かったため、自然通気に優れ、室内に空気汚染の発生がなかったからです。

転機になったのが1973年、第一次オイルショックが起こりました。そして省エネ対策として、当時の建設省、通産省の指導によって、省エネルギー住宅が多くのハウスメーカーによって競うように販売されます。

省エネルギー住宅とは、冷たい外気や熱された外気を遮断することによって、エネルギー効率をよくするシステムを使った「高気密・高断熱」住宅のことです。

高気密・高断熱住宅は、今日に至るまで、ほとんどの住宅メーカーにとって、プラス評価の住宅です。しかし、本当にそうなのでしょうか？

確かにいくらかのエネルギーを節約することはできたでしょう。ですが、家族のかけがえのない生命を危うくさせたとしたとすれば、その代償は計り知れません。異常とも言えるこうした発想は、心ある建築関係者は驚くべきことでした。それ以上に驚いたのは、住宅の断熱材認定素材としてグラスウール（ガラス繊維）を壁のなかにはめ込むことを強制し、木材という素晴らしい素材の使用を認めようとしなかったことです。

住む人の健康で幸せな生活を考えるなら、自然素材のよさを知り、上手に利用すべきです。

現代の住宅は、壁のすき間を断熱材などで埋め込み、窓はアルミサッシなどで外気を遮断しています。

これはあくまでも室内の温度の安定。つまり暖房や冷房に使ったエネルギーを室内から出さないという目的の追求にありました。しかし、このことによって、室内の空気が汚れてしまい、その空気のなかで生活する住む人の健康への影響がどうなるのかは、まったく考えられていなかったのです。

省エネ住宅を目指して、高気密・高断熱を実現したにもかかわらず、室内の空気汚染が引き起こされました。そしてその空気の汚染、室内の空気中の有害物質を除去するために、各部屋に換気扇を設置することを義務付け、24時間換気をも要請しているのです。

なんという矛盾でしょうか？　行政は先に出した法令は改めることはできないのでしょうか？

化学物質は家具や調度品、そして衣類に至るまで使われています。

また人間が吐き出すCO_2によっても空気は汚染されます。化学物質で密閉した空気が酸欠状態になるのは当然のことです。

シックハウスが２００３年に規制されたということは、つまり、それ以前に建てられた住宅の多くがシックハウスであったと認定したものと等しいのではないでしょうか?

当時から見ると、シックハウス症候群（シックハウスが由来と考えられる呼吸困難、頭痛、アトピー、アレルギーといったさまざまな症状）は、マスコミなどで報道されることも減り、一見、沈静化されているように見えます。

しかし、その実態は、単なる身体の問題ではなく、住む人の心や精神に影響を与えているのではないでしょうか。

もっと複雑になり、解決が困難になっているのではないでしょうか。潜在化しているのではないでしょうか。

複雑化しているシックハウス

夢と希望を持ってつくった新築住宅。そこに入居すると同時に頭が痛い、吐き気がする、さまざまなアレルギー反応が出る、というシックハウス症候群。新居を手放さなくてはならなくなったり、新居の中に公衆電話ボックスのような空間をつくって、そこにしかいられないという方々もいます。

シックハウス、シックハウス症候群という言葉がマスコミに登場した頃のような報道は、今あまりされていません。シックハウスという言葉は聞いたことはあるけれど、どういうことかわからない、という方も多くいます。

国の施策や住宅供給業者の努力によって、シックハウスは撲滅した、あるいは沈静化したと言いたいところですが、実はある程度のところで「常態化」したと言う方が妥当かもしれません。

マスコミに取り上げられなくなったからなくなったのではなく、マスコミはただ新しい報道のネタを探し、それに飛びつき、人々の関心を他に誘導しているだけなのです。

シックハウスの本質を追究し、解決することなく、時間だけが経過しました。それはあたかも汚れた衣類を洗濯もせず、ただ押し入れやクローゼットのなかに押し込んで目の前からなくしてしまっただけ。汚いものはなくなったのではなく、隠されているだけなのです。

しかも汚いものは、時間と共に消えるのではなく、押し入れやクローゼットのなかから、ますます悪臭を発散しているのが現状なのです。

シックハウスの本質は、一言で言えば「空気の汚染」です。その原因は、ホルムアルデヒドなどの有害物質を含む住宅建材（決して木材ではない）から発散されるガスによると考えられてきました。それも一理です。

しかし、空間の空気を汚染しているのは、実はそこに住む私たち人間が吐く二酸化炭素なのです。自分たちが吐く息で自分達の生活環境、住環境を汚染しているのです！

私は出張の多い生活なので、月に何日かはホテル住まいをします。夜中寝苦しくて目が覚めることがあります。そして窓を少し開け、外の空気を入れると、頭のモヤモヤがとれ、もう一度眠りにつくことができるのです。もちろん窓の開かないホテルもあります。ホテルの個室には、ほぼすべて換気扇がついていて、集中管理されています。室内の空気は清浄に保たれているはずです。しかし、現実は寝苦しい、頭が痛い。

なぜなら私自身、一時間に17リットル（1・8リットルの日本酒のびんが約9本分）の二酸化炭素を吐いているのです。

病院の待合室にいて、空気が悪いなと思うのは、私だけでしょうか？

外から病院の待合室や検査室に入った時、ムッとした何か淀んだ空気を感じるのは私だけでしょうか？

「病院にいると、病気になっちゃうな」などと考えるのは、私だけでしょうか？

なぜ病院（入院施設ではない）には、ほとんど窓がないのでしょう。

おそらく巨大な換気扇や空気の循環システムがあるのでしょうが、あまりキレイな空気であるとは感じられません。淀んだ、汚れた空気だなと感じることはあっても、です。

会計を済ませて、病院の外に出て、新鮮な空気を吸うとホッとするのは私だけでしょうか？

「院内感染」という言葉がありますが、それは病院内の空気の質、空気清浄の質に関係していると考えるのは、私だけでしょうか？

シックハウスのもう一つの原因は、新鮮な空気を外部から取り込まないことにあります。

高気密・高断熱の名のもとに、新鮮な空気を取り入れず、汚れた空気を外に出さない現代住宅そのものが、シックハウスの原因なのです。

日本には「病は気から」という言葉があります。一般的に、この気は、気持ちとか気力とか気分を指す気と考えられています。

「病気は気持ちの持ちようで、病気になったり、治ったりする」と考えられています。これも真実です。しかし、この気を空気と考えたらどうでしょうか？ **病は気分の気、気持ちの気ではなく、病は空気から始まるとしたら……**。

シックハウスによって引き起こされる障害は、身体ばかりではなく、心や精神にも表れるのです。

心や精神というものは目に見えるものではありません。目に見えないがゆえに、それがさまざまな症状として表れたときもその原因が特定できるものではありません。

私の住まいづくりの師である冨田辰雄（故人）は、よく講演会の冒頭に「みなさん、日本の社会を悪くしたのは、私たち住宅屋です。私たちのつくった住宅によって、日本の社会を悪くしたのです」と深々と頭を下げていました。

「住宅屋」とは、上は著名な大手ハウスメーカー、中は中堅建て売り業者、下は零細工務店まで、住む人の幸福を考えず、自分の利益だけを考えているすべての住宅供給者を指します。マンションデベロッパーもリフォーム業者も含まれます。

なぜこのことがシックハウスに関係するのでしょうか？

何度もくりかえしますが、本物の木に見えるシート貼りのフローリング、枠材、塩化ビニールでつくられているドア。これらは一見、「木」です。

しかし実は内部から化学物質を発散させ、室内の空気を汚している存在です。木に見える建材。それは決して木ではありません。いわゆる木もどきであり、フェイク（偽物の木）であり、木の張りぼてです。

このような存在に囲まれている生活を想像してください。

「木」の仮面を被りながら、化学物質を吐き出している空間に住む人々。住む人は幸福を求めていたのに、本当に幸福はあるのでしょうか……。

住まいがつくったもう一つの「病」

戦後の日本経済。そして高度成長下の日本。バブル経済下の日本。バブル崩壊後、低成長と言われてなお、世界的に見れば豊かな国です。

そのなかで、年間１００万戸以上（平成21年度からは、１００万戸を割り込んでいますが）の住宅が建てられてきました。

しかし、それは決して住む人のためのものではなく、住む人の購買意欲、享楽本能を刺激する格安素材、利益追求を優先した「売るための売れる住宅」が、住む人の将来を無視して提案、提供されてきました。大量生産されてきたのです。

そして、この大量生産・大量消費型の経済の波のなかで、私たちは「孤立」していったのです。

個人の趣味、個人の考え、個人の自由。大切なことです。しかし、自分と他人、自分と全体、自分を含む社会との関係性や思いやりや一緒に生きている、一緒に存在している、このような共時性や共生性が失われてしまったのではないでしょうか？

「狭いながらも、楽しい我が家」の時代から、みんな個室があって、各々の生活をしている。リビングに家族がいても、会話もなく、各々スマホをいじっている。夫という名の、妻という名の、子どもという名の、親という名の同居人がいるだけです。

少子化社会の原因は、現代化住宅の、つまり、シックハウスのなかの家庭環境にあります。経済優先の家庭では、親子の関係は加齢とともに希薄になり、心は離れ、親は親、子どもは子どもの人生だけを考えます。

子どもは、親の後姿を見て、子どもの犠牲になっても何一つ報われない実状を子ども心に認識し、親の轍は踏みたくないと考えるのです。

そのような世代が、子育ての責任に苦痛を感じるような大人になった理由は、自由放任で育てられたからでしょうか？

家族内での凶悪犯罪。DV（ドメスティックバイオレンス）、親による子どもの虐待等々、これらは、コンクリートの箱によるマウスの実験のなかで繰り広げられた親マウスによる子殺しや育児放棄に似ていると感じるのは、早計過ぎるでしょうか？

私は今、日本の社会が心の世界で、ひずみが出ていると考えます。700万年間自然のなかに住んでいた人類が、自然とかけ離れた環境（最も身近な環境は、住まいという住環境ですが）のなかで生きていることによって生じたさまざまなストレスが、心を、精神を病ませてしまっていると考えるのです。

先述の冨田辰雄は、シックハウスという言葉が、マスコミに登場するはるか以前に「居住環境と諸病の関係」という論文を公表しています。

そして、住まいづくりの長年の経験から人間の心身に、住まいが大いに影響を与えることを確信していました。さらには心身に生じる病に関するさまざまな「伝説」をつくってきました。住まいは「家庭」の場として、家族という人間関係に影響を与えるのです。

表現は硬いですが、本質をよく表している論文です。

「家庭の乱れは不自然な生活環境によって生じます。不自然な生活環境とは、自然を拒絶した居住環境の作用であります。（中略）とくに自律神経は、皮膚との関係が強く、皮膚を強く鍛えることが大切です。しかし、近代化住宅は、人的空調によって温度も湿度も四季を通して調整され、寒暑に対する皮膚感（触感刺激）に対応力を失い、自律感覚がなくなっております。つまり『感応性』『感性』『情緒』も感じなくなり、人間性の退化となり、それと同時に体内運動の制御力を支配する自律神経を不能化します」（「居住環境と諸病の関係」）

この住まいによってつくられる人間の行動パターン→習慣→性質（体質）のなかで、その人の人格が決まっていきます。

冨田が考えた「人間能力の退化現象」を記しておきます。

「居住環境改変による人間の退化現象」

●触覚刺激恐怖症人間（人的空気調整システムの弊害）

・暑さ寒さ　湿度の変化に対する抵抗力の減退した人間

・五感能に対する刺激がないために人間性（思考力、想像力、忍耐力、気力、意欲、感受力）や人間能力（運動能力、体力）を失ってきました

●感覚不能力人間（機械設備過剰による弊害）

・神経感覚が退化して集中力、注意力ばかりか社会性も失い、社会人としての人格を失います

・無能力人間、依存主義人間、頽廃人間がつくられます

●虚飾常習人間（豪華な装飾や設備による弊害）

・身分不相応病、非現実主義者、虚像（虚構）信棒者、自尊心過多症、非生産型人間

●自己中心的人間（プライバシー遵守過剰による弊害）
・利己主義者、身勝手者、卑怯者
・家族の輪と協調を失い家庭破綻の因をなします

●享楽夢想人間（満され過ぎによる弊害）
・ゼイタク癖、怠惰人間（怠け者）、夢追い人間（虚想志向）

ナイチンゲールの窓

住まいづくりやリフォームになぜ、ナイチンゲールなのでしょうか？イギリスの看護師、否、世界的に著名な看護師にして近代看護教育の母であるフローレンス・ナイチンゲールこそ、今まで述べてきたシックハウス問題解決の処方箋を出してくれる強力な助っ人なのです。

そもそもこの「ナイチンゲールの窓」というタイトルは、私が属しているグループ、ＮＰＯ法人幸せな家庭環境をつくる会の友人の小椋敏光さんがつくった小冊子に由来します。この小冊子は「外気と陽の光がつくる家族の幸せ」という副題のついた、住まいづくりを考えている人にも、また考えていない人にも広く読んでもらうための小冊子です。

ナイチンゲールの主著『看護覚え書』（現代社）を引用しつつ、住まいに「自然」を取り入れるための窓の役割について、簡潔に書かれています。

ナイチンゲールはこう言います。

「私の相手は健康な人ではなく看護を必要とする病人です。でもだからといって私がこれから申し上げることが病人のみにあてはまり、健康人には関係がないとは思わないでください。実のところ『看護の法則』と『健康の法則』とは同じなのです。それは病人のなかにも健康人のなかにも共通に働いているのです」

さらに

「病人の寝室でも健康人の寝室でも、朝窓を開ける前にそこに入った経験がありますか？　部屋の空気がむっとするほど汚れて腐っていることに気づいたことはありませんか？」

と問いかけ

「眠っている人間の身体は、たとえ健康であっても、目覚めているときに比べ汚れた空気の影響をはるかに強く受けて健康を損なうものです」

と結論づけています。そのために、

「住居の構造そのものが外気が家の隅々にまで容易に入ってくるようになってい なければならないのです。（中略）このようなつくりになっていない病院が入院 患者を害するのと同じように、そうなっていない住居は健康な人間を害するで しょう。家の中の空気のよどみが保証つきとなると、その当然の結果として病気 の発生も保証つきとなります」

と警告を発しています。

ナイチンゲールの警告は、現代の住宅にも有効です。いいえ、有効どころでは なく、まさに、現代住宅の抱える「シックハウス」問題に対する、どんぴしゃり な警告です。

通気のいい住まい

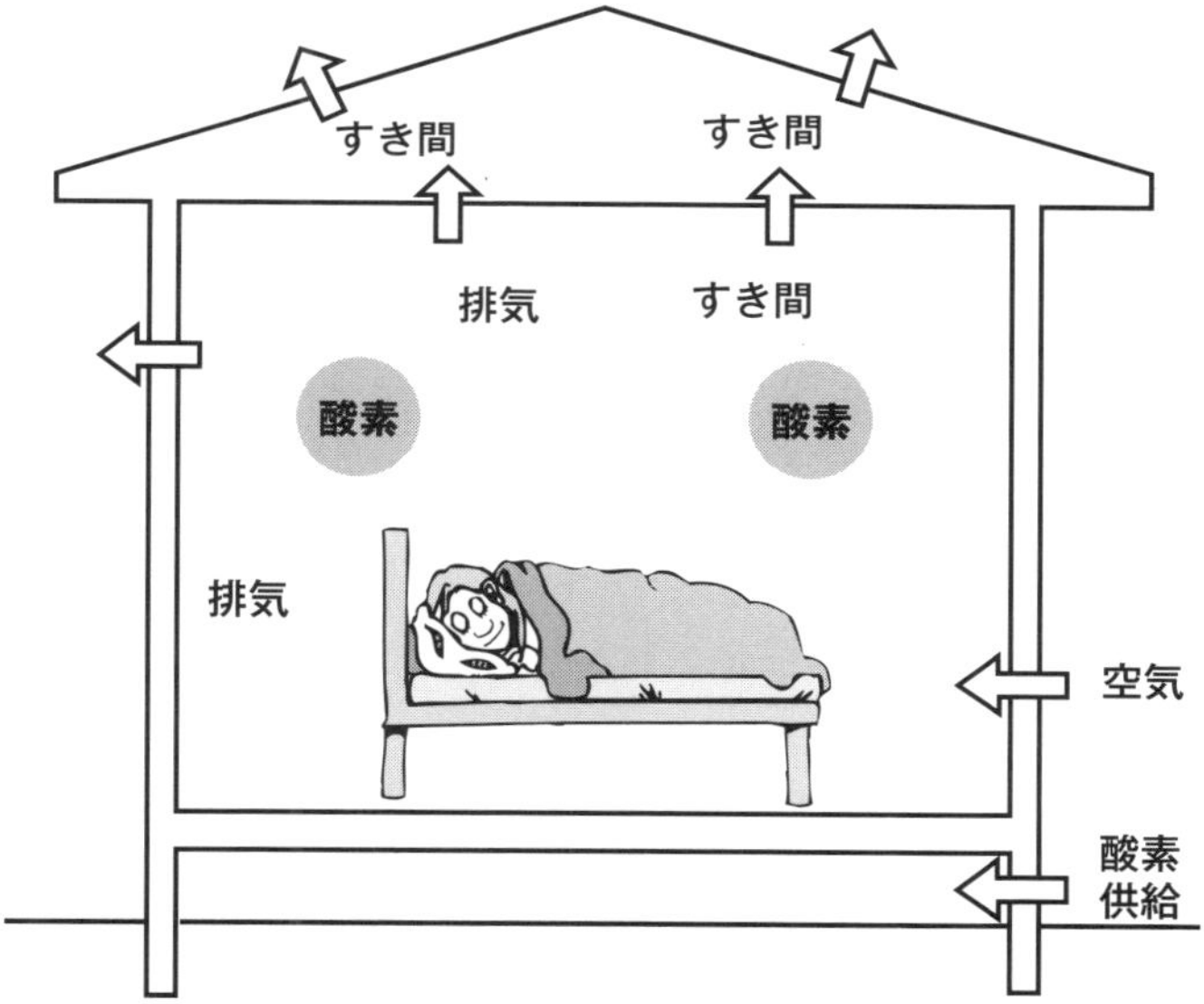

室内の空気が常に入れ替わり
いつも純度の高い酸素に満たされている

現代の住環境は、衛生面や清潔さではナイチンゲールが生きた19世紀の時代よりもはるかによくなっています。しかし、住まいの空気の質は、むしろ悪くなっているのではないでしょうか？

現代住宅は、エネルギーを節約するために、居室間の温度差をなるべく小さくするために、「高気密・高断熱」を目指してきました。そして大量生産・大量消費型の住まいづくりに欠かせなかったビニールクロスや塩化ビニール等から化学物質を発散させ、空気を汚している現実。そして、それを換気によって解決しようとしたことに、人間は歴史から、なかなか学ぶことができないのだ、などとつくづく感じました。

間違いなく現代の寝室は、ナイチンゲールが指摘するように、空気の汚れと病気の発生が「保証つき」であり、これだけ医学が進歩しても病人がいっこうに減らないという現実の根本的原因になっています。

寝室の二酸化炭素濃度の変化

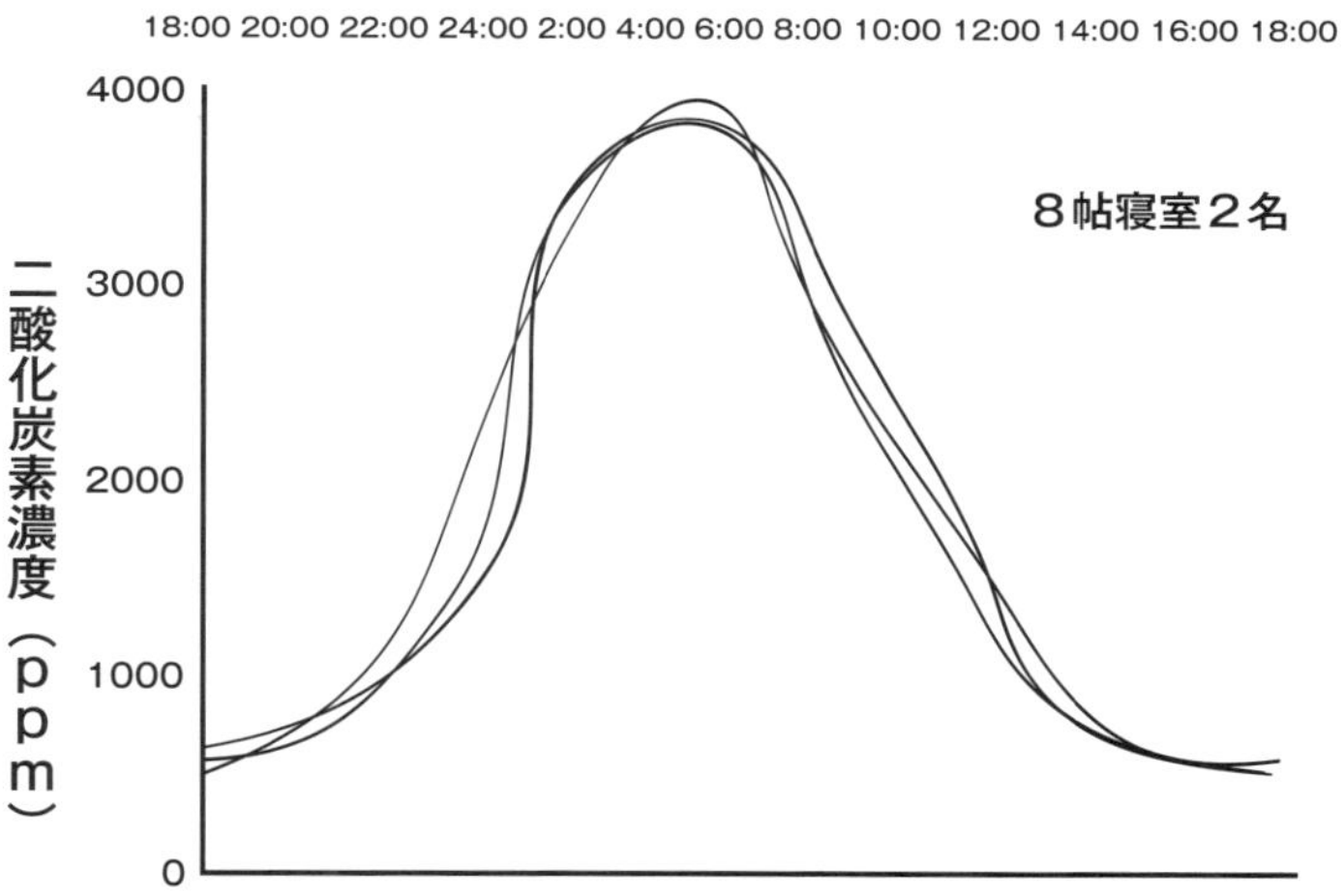

ビル衛生管理法で指定された二酸化炭素の安全基準は 1000ppm

ナイチンゲールの言う通り、寝室は「住宅の構造そのものが外気が常に流入するように」つくる必要があります。

ナイチンゲールが、現代の寝室に足を踏み入れたら、こう言うはずです。


「窓を開けましょう。ただちに！」


通気とは、窓や出入り口などの外に向いている開口部をすべて閉じても、外気が少しずつ家のなかに入ることです。

通風とは、窓を開けて家のなかに風を通すことです。今、この窓の役割もゆらいでいます。

換気は、機械によって部屋の空気を外に出すことです。本来は二次的なものです。最も大事なことは通気であり、次に通風です。

換気は通気と通風がしっかりできていれば不要とも言えます。

通気の悪い住まい

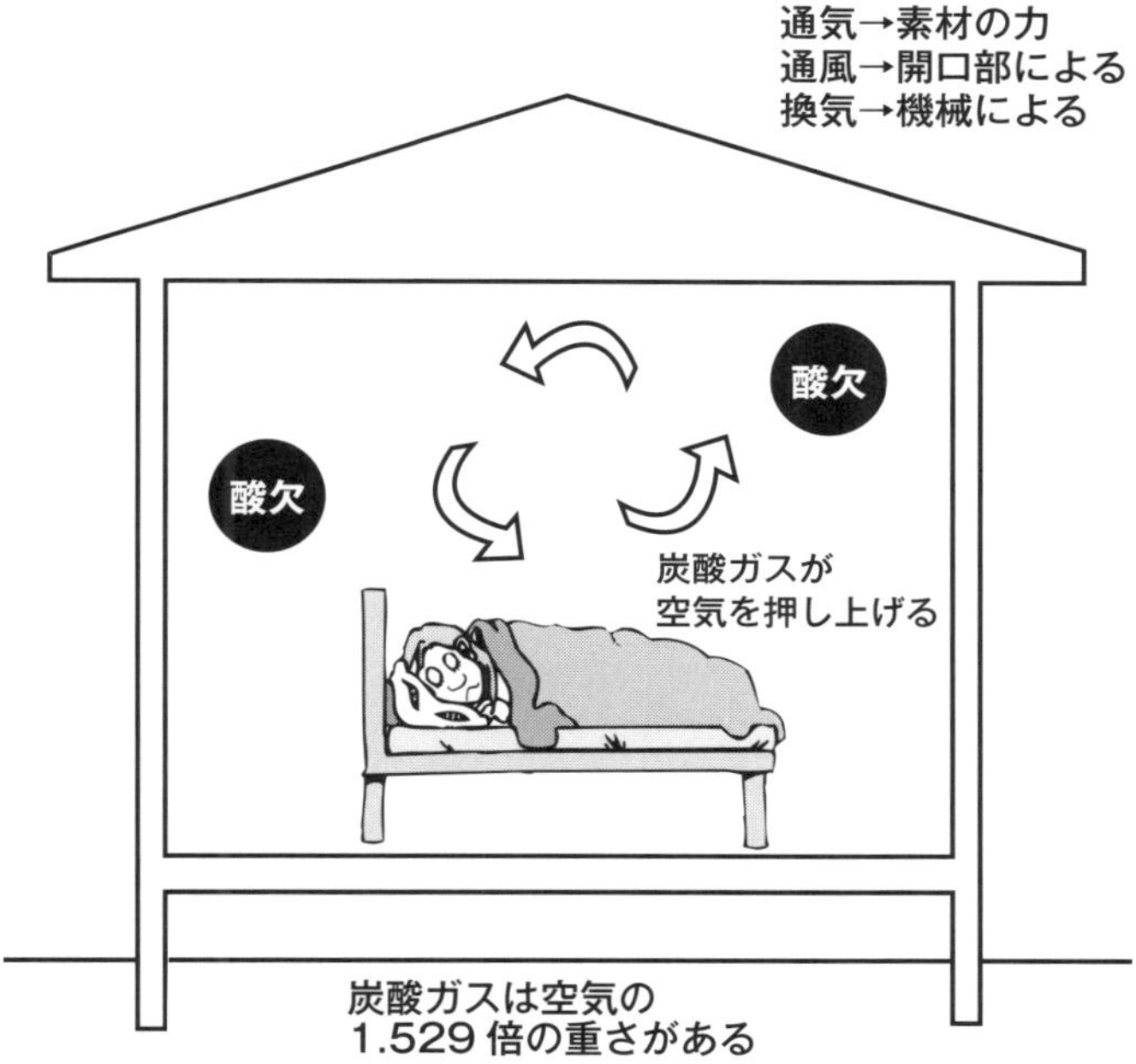

外気が入りにくく家全体が魔法瓶のように密閉されている。不眠症・神経系統・消化不良・脳神経症・心臓病などの障害をもたらす

「患者の身体から出る熱と湿気で腐敗しかかった空気を、繰り返し患者に呼吸させるという犠牲をはらって、病室を保湿する方法は間違いなく、患者の回復を遅らせ、はては生命を奪うことになる」

このナイチンゲールの言葉の患者を人間に、病室を居室に置き換えてみましょう。現代住宅の問題は、まだまだ解決されていないのです。

木質化リフォームを！

第1章 なぜ、今、リフォームなのか
第2章 いいリフォームは「業者」で決まる
第3章 いいリフォームは「素材」で決まる
第4章 いいリフォーム事例編
第5章 私たちの仕事の進め方

第4章

いいリフォーム事例編

リフォームで二世帯住宅を

この章では、前章まで話を踏まえて、実際にどのようにリフォームが行われているかを見てみましょう。まずは、私たちのお客様の例をいくつかご紹介します。

都内の中古住宅は、敷地の道路付けの問題で再建築不可のものも多くあります。また、建て替えた場合、既存住宅の容積率が減ってしまうので、建て替えよりも既存住宅のリフォームを選択される方も多くいます。

大田区のYさんも、そんな一例です。

「息子夫婦が都内で新築を建てたいと言っていたのですが、土地の値段も高いので、どうしたらいいか考えあぐねていました。現在の家に二世帯住宅の建て替えも考えたのですが、建て替えると、容積が変わってしまうので、既存住宅を大型リフォームして、二世帯住宅にすることにしました」

なぜ、マルトミホーム（クボデラ）を選ばれたのですか？

「私の勤めている職場の互助組合の指定企業に長年なっていたこと。決して大手ではないのですが、地道にやっているという印象を持っていました。相談したところ、木造住宅のエキスパートであり、このような大型リフォームが得意であり、また、何よりも職人さんたちがいいことを知って安心しました。それで頼むことにしました」

「一番安心したのは、打ち合わせの回数が多く、間取りプランも十数枚も書いて、私たちの意向を反映してくれました。それは本当によかったなと思いました」

増改築ではなく、減築リフォーム

増改築ではなく、減築リフォームを行ったお客様の声です。

「一つの敷地のなかに2棟の家が建っていました。1軒には祖母と母が、もう1軒には私たちの家族が住んでいました。

祖母が他界したので、相続が発生しました。祖母と私の母が住んでいた家と土地を売却して、相続税を払わなければならなくなってしまいました。

相続税を払うために、ぴったり、半分の土地を売るだけでなく、それ以上を売らざるを得なくなったのです。

そのために、私たちの家も減築しなくてはならなくなりました。普通リフォームは、増改築が主体だと思うのですが、減築、つまり土地を売るために、家を小さくするというリフォームをしました。家を小さくするとは、なかなか難しい工事だったと思います。母を引き取った上で、三世代が住めるようにする。これには、プロの間取りづくりの提案と技術力がなかったらできないと思います」

古民家再生リフォーム

古民家の再生というリフォームの形態もあります。

「ひょんなことから、古民家を所有することになりました。特別な目的があったわけではありません。農地付きなので、農業民宿にしようとか、仲のいい人たちとのセカンドハウスにしようとか、いろいろな思いが巡りました。

しかし現実は、十年前の日めくりカレンダーが残されていたように、時間が止まっていました。先住の方々の遺品整理から始まりました。

さらに雨漏れによって、壁や押し入れ内部が腐食していました。そこでまず雨漏れ対策。雨染みや腐ったところからの補修を開始しました。部分的に、キレイなところができると、あそこの天井も張り替えたい、ここの床もキレイにしたいとどんどんリフォームの範囲が広くなっていきました。

しかし、一番重要だったのは、汲み取り式のトイレを変えたり、キッチンや水回りの生活インフラを整備することでした。

定住型のリフォームではなく、セカンドハウスや、家族や友達と過ごす保養所みたいな感覚なので、本当に住んでみてからどんなことに気づくかわかりませんが、木材や大工技術の造詣が深い会社を選んでよかったなと思っています」

業者選びを誤ると……

これは、私たちがやらなかった工事案件です。

実は、工事を依頼するお客様と、リフォーム業者の関係が不調であると、工事現場の混乱もさることながら、お客様、業者双方に、大きな損害を与えることになります。

東京の中心部にある高級マンションのとある一室が舞台です。１００㎡を超える居室で、中古とはいえ、相当高価なマンションだったことが想像できます。

私たちが現場に行ったときは、居室は、スケルトン状態で、電気配線がむき出しになっていて、強制的に工事がストップされた、という何やら、廃墟のような雰囲気になっていました。

案内してくれたのは、お客様にマンションを仲介した不動産業者さん。

事情を説明してくれて、概略理解できたことは、お客様とリフォーム業者の間には、契約書がないこと。工事金額は、約２５００万円になっていました。デザイン仕様は、設計事務所がお客様と決めていたのが、見積もりの精査がなかったのではないでしょうか。驚くべきことに、工事途中で、業者からの１０００万円の増額を求められ、お客様は、工事中止を申し入れたこと等でした。

お客様は既に引っ越しの日取りも決まっており、今住んでいる住居を引き払わなくてはいけなくなっていました。工事中止によって、虚しく日が過ぎていくだけで、事態は改善されなかった。

つまり、この工事を引き継いでくれる業者を探していたわけです。今までの工事自体には問題がなく、逆に、各々の工事内容はよくできていたと思います。

しかし、職人や業者は、他人のやりかけや、やり残した仕事を継ぐのをイヤがります。途中からの仕事をイヤがるものなのです。

途中から引き継ぐ場合、どんなことが隠れているかわからないからです。

この場合でいえば、工事差し止めを依頼主であるお客様から言われたリフォーム会社をその下である電気屋などの各職方企業が、出来高（工事の進捗）に応じて支払いがあるのか否かも不明ですし、そもそも支払いをしてもらえるか不安になってしまうのも人情です。工事を請けたリフォーム会社が零細であれば、これを機に倒産なんてこともあるかもしれません。

職人や業者は、単なる金銭の問題だけではなく、工事案件や工事現場の持つ雰囲気を気にします。彼らが感じるイヤな雰囲気が漂ってしまうのです。元受けとしての私たちも、私たちの協力業者も結果的に、この仕事をお受けすることはやめました。

明確な仕様、明確な見積り金額、実行金額がないこと。金銭トラブルによるお客様と施工会社の関係。それがこちらにも波及するのではないかという不信。それらが相まった状態では、工事を請けることができなかったのです。

木質化リフォームとはどのようなものか

それでは、ここまで繰り返し提唱してきた「木質化リフォーム」の具体的なイメージを見ていただきましょう。

木材使用率 45%（腰板）

木材使用率 30%（フローリング）

木材使用率 90%（天床・壁・床）

木材使用率 45%（梁・柱）

【トイレ】リフォーム後

腰板に青森ヒバを使用

【トイレ】リフォーム前

【扉】リフォーム後

無垢木材の扉に変更

【扉】リフォーム前

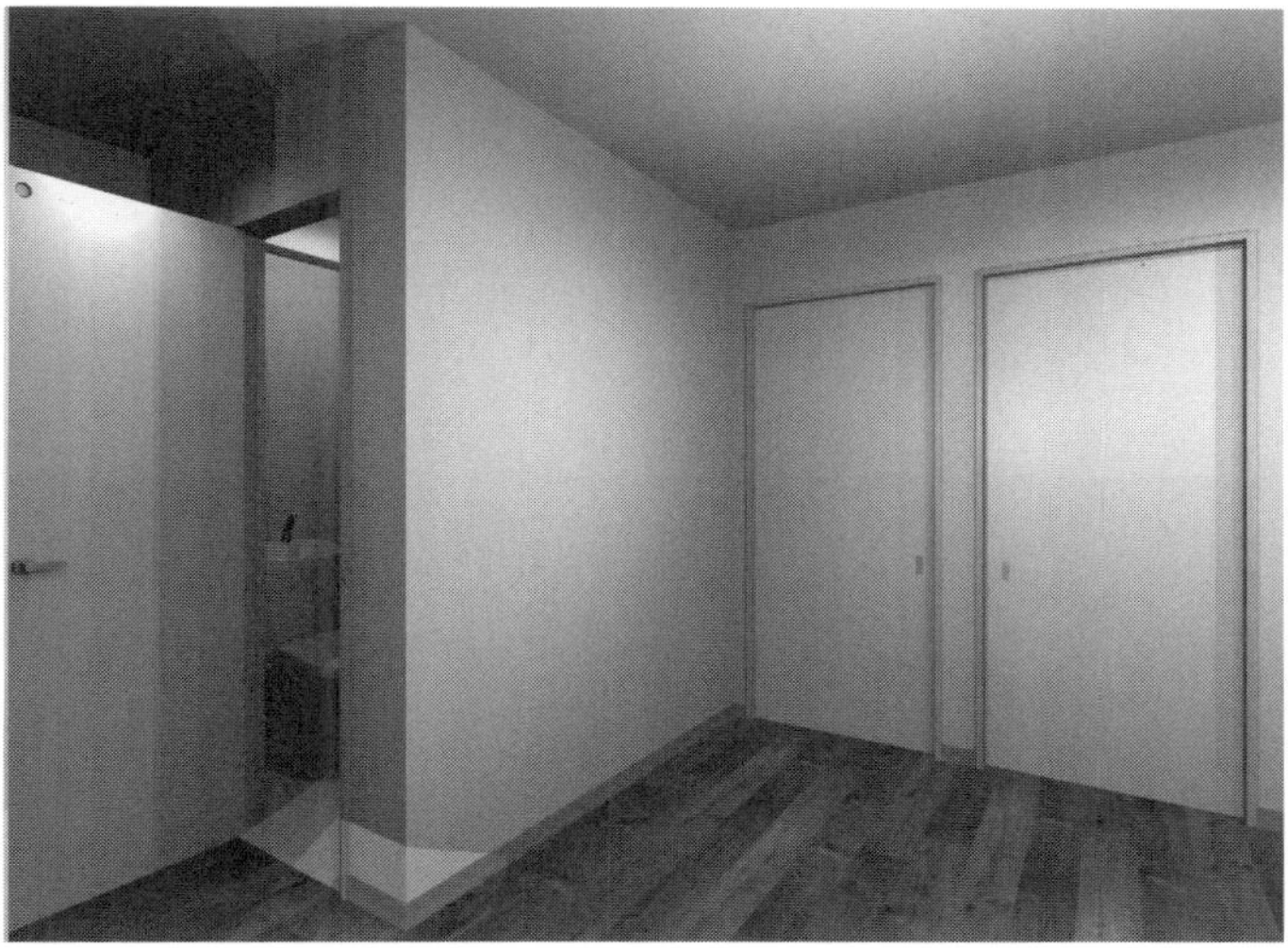

【梁】リフォーム後

コンクリート梁に25mm以上の板を貼る

【梁】リフォーム前

クロス貼

【床】リフォーム後

無垢材フローリング
1枚の板からつくられたもの

複合材フローリングを無垢材フローリングに

【床】リフォーム前

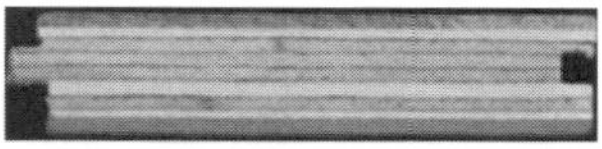

接着剤で貼り合わせた合板

複合材フローリング　木目がプリントされたシート

【造作棚】リフォーム後

天板には一枚板を使用

【造作棚】リフォーム前

【柱】リフォーム前

【柱】リフォーム前

第1章 なぜ、今、リフォームなのか

第2章 いいリフォームは「業者」で決まる

第3章 いいリフォームは「素材」で決まる

第4章 いいリフォーム 事例編

第5章 私たちの仕事の進め方

【柱】リフォーム後

角柱に

板

木を被せる

【柱】リフォーム後

【柱】リフォーム後②

絞り丸太を使った柱に

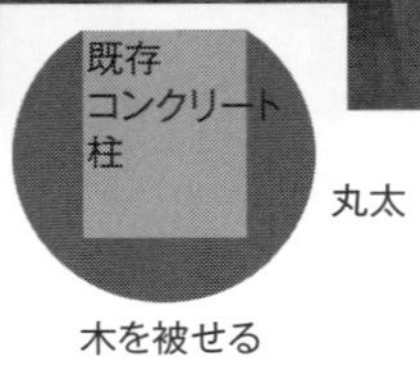

【柱】リフォーム後②

【壁】リフォーム前

【壁】リフォーム前

【壁】リフォーム後

立て羽目板を使用

【壁】リフォーム後

【壁】リフォーム後②

横貼り

【壁】リフォーム後②

【壁】リフォーム後

腰板を使用し、壁は珪藻土などの自然素材に

【壁】リフォーム前

【天井】リフォーム後

【天井】リフォーム前

【天井】リフォーム後②

いかがでしょうか。

これはほんの一部の例です。木質化リフォームの具体的なイメージを持っていただければ幸いです。

第5章

私たちの仕事の進め方

大型リフォームの現地調査

私たちのスタンスに共感していただいた方には、「現地調査の依頼書」をいただきます。

ここで初めて、仕事が具体的に開始されます。

一般的なハウスメーカーのような、標準仕様を入れた見積書や、簡単な間取り図のついた提案書を私たちはつくりません。あくまでも、お客様からの依頼を受けて、設計を開始するという仕事のしかたです。

そして住まいの環境調査を行います。具体的には敷地の正確な大きさや建蔽率など法務的なことを、最寄りの役所で調べます。

しかしこのとき最も重要なのは、その敷地のなかにどのように太陽の光が入ってくるか、近隣住宅の存在がどのように光に影響を与えることを知ることです。そして風の向き。これも、自然の恩恵の重要な要素です。

土地付きの戸建て住宅には、近隣の住宅の影響が大きい、といっても、マンションや建て売り住宅に比べれば、自由度があります。

自然の恩恵を受ける可能性が大きいです。

朝日が、どの方向から入るか。正午の光は、敷地内のどこまでに達するか。午後3時の光はといった具合に、敷地内の環境調査を始めていきます。

プランニング、間取り設計

いよいよ、間取り設計の始まりです。第1回目のプランニングは、私たちも緊張します。

まだまだ、お客様の家族構成や今までの生活様式や価値観を熟知しているわけではないなかでのプランですから、ほんとうにお客様の要望にあったプランであるのかどうかは大変気になるところです。

しかし、お客様の幸福な家庭生活を追求する住まいづくりのプランニングの叩き台は、つくられなければなりません。

私たちの、間取りのプランナーは、何十棟、何百棟の注文住宅のプランを経験してきた者たちです。デザイナーでも、意匠設計士でもありません。デザイン性に優れているということは、住宅の必要条件ですが、十分条件ではありません。デザイン性に優れているとか、センスがいいとかといった住まいを、私たちは否定しません。いや、大いに肯定します。しかし、デザイン性やセンスのいいだけの住まいを求めても、ほんとうの意味のいい住まいになりません。その経験はリフォームにおいても十分活かされます。

私の住まいの先生である冨田辰雄は、プランナーについて、こんなことを言っていました。「ほんとうの住宅の間取り設計ができるのは、60を過ぎないとできない」。これはプランナーの年齢を言っているのではなく、その人の人生経験の豊富さや人に対する心配りや人に対する寛大さが要求される、という意味です。いわゆる注文住宅、自由設計を標榜しているハウスメーカーさんや工務店さんも、一体どれほどの回数のプランニングを行うのでしょうか？

私たちの住まいづくりでは、10回から20回ほどのプランニングが行われます。「えっ、そんなにするの？　私は、そんな時間はない。もっと早くやってくれ」という方もいるでしょう。

しかし、これから建てようとする住宅は、10年先、20年先、いや50年先まで存在する可能性のある住宅です。住宅ローンという人生を担保に差し出して、お金を借りて建てる住宅です。

それはリフォームであっても変わりありません。

そんな簡単に、「今」の感覚だけで「今」の発想だけで、住まいづくりに取り組むのは危険です。必ず後で「失敗した」と思われます。そしてその「後」とは決してそんな遠い未来のことではなく、住み始めて、すぐに気がつくことです。

プランづくりに回数を重ねることの意味はお客様の家族各々の方々の、潜在的要望を引き出す意味もあります。お客様自身も気がついていない、隠れた要望を引き出して、人生設計をさらに幸福へと舵をとっていくためには、必要な作業なのです。

お客様自身が、赤いサインペンでも図面に「ここに窓がほしい」「ここに棚がほしい」と書いてもらいます。それはお客様自身がプランナーになって、ご自分の住まいを設計することであり、人生設計することになるのです。

「ここに窓があったら、どんなに朝日が入って、明るいか」「この窓は大きすぎると隣の家から丸見えで恥ずかしい」とか日常生活をイメージしていただくには、1回や2回のプランングでは、難しいと思われます。

私たちのプランナーは、お客様の「幸福を生む住まいづくり」という目的地への水先案内であり、住まいづくりの同伴者でもあるのです。

もちろん、お客様の意見とプランナーの意見が対立することもあります。みすみすお客様の考えが住まいづくり、家庭生活の上で、失敗が予見できる場合、プランナーはお客様の意見といえども再考をお願いする場合があります（もちろん回数が多いこと自体が良いことではありませんが）。

私たちは、プランナーとは別に「ホーム管理」という立場のスタッフを、このプランニングのときから配置します。この「ホーム管理」という役割は、お客様に寄り添ってお客様の意向を正しく、くみとる仕事をします。単なる営業ではありません。

プランナーに遠慮して、ほんとうの要望を話すことができない。あるいはプランナーと意見が対立して、間取り計画自体、先に進めなくなってしまうケースもあります。

こういった事態を解決するために、客観的な立場でお客様のプランニングに同伴する役割、このホーム管理は、お客様の同伴者として、住まいの完成まで、さまざまな業務に携わっていきます。

このようにしてつくられたプランニングは、お客様の住まいの、まさにグランド・デザインというべき存在です。住まいの理念（イデア）を体現するものです。

仕様決め、色決め

住まいのグランド・デザイン、理念ともいうべきプランニングが完成しました。
住まいの骨格ともいうべき、構造設計は、専門の業者に委ね、次はどのような住まいを形づくっていくか、住まいの肉づけ、色づけという作業へと移っていきます。

ここからは、住まいにどんなデザイン性や機能性を盛り込んでいくのか、またどんな素材を選んでいくのかが、関心事であり、問題になっていきます。

さらに、ここからは住宅の予算を意識していただきます。予算があまりないからといって、何もかも諦めてしまうのでは、自由設計、注文住宅のよさがなくなってしまいます。夢も希望もありません。

住まいのなかで、どんな素材を選ぶのか？　木材や和紙等の自然素材か、あるいはビニールクロスやビニールシートのような人工的な素材か等々とさまざまなものへの予算どり、つまり優先順位づけが必要になっていきます。

一般的な木造住宅では、木材を使っているといっても、構造部分や下地材といった、目にも見えず、手にも触れられないところに使われるだけです。人間の日常生活に影響を与える環境では、クロスやビニールシート貼りの造作ばかりで、自然とはいえない環境になります。

一般的な木造住宅では、木材の使用金額は全体の住宅費のわずか8～10％程度です。その費用は、窓に使われるサッシよりも安く、またちょっとハイグレードのシステムキッチンよりも安いのです。

都内在住のZさんというお客様は、やはり土地購入で、住宅資金の多くを使い、建物自体にはなかなか潤沢な予算を維持することができませんでした。

しかし私たちの住まいづくりを依頼するにあたって、希望されたのは、内装材として木材を目に見えて、手に触れられる場所にふんだんに使ってほしいということでした。

そのため、システムキッチンなども機能性を重視して、別に価格的にも高いものは不要である、という選択をされました。そのかわり、リビングの机や椅子も、無垢のタモ材を使った、職人手づくりのものを求められました。

このように、「色決め」「仕様決め」には、お客様ご自身の価値観が、深く反映されます。

決められた予算のなかで何を選ぶか。何をライフスタイルのなかに重要視するのかが問われているのです。

もちろん、マンションのリノベーションの場合も同様です。

予算決め、そして契約

私たちの仕事の手順のなかでは、「契約」は実は最後の方に行われます。

一般論として、ローコストをうたう住宅メーカーやリフォーム業者は、坪○○円といった価格を前面に出して、お客様の関心を引くようにします。そして、一旦契約してからは、「それは予算に入っていません」とか「これはオプションで、別途料金が発生します」など言って、追加料金を要求する場合があります。

「安い」というイメージだけで、具体的な仕様を決めず、もちろんどんな間取り、プランニングなのかも知らずに契約してもただ「箱」のような住宅を建てる結果になります。人間が住む「住宅」にするためには、オプション、追加を繰り返す結果となり、かえって注文住宅よりも高くつく、という笑えない事例もよく耳にします。

または「追加料金一切なし」を看板にかかげるリフォーム会社もいます。しかし、リフォーム工事、特に木工事を含む大型のリフォーム工事の場合、工事中に問題が発見されることが多々あります。

「追加料金一切なし」の場合は、業者が問題を隠したり、下請けの職人に本来お客様からいただくべき工事代金を負担させ、泣かせてしまうこともあります。

私たちは、このようなビジネスのやり方を好みません。プランニングを数多くするのは、追加工事が発生しないようにするためでもあります。

私たち、施工業者にとっても、お客様にとっても、追加工事発生を極力減らすことが望ましいのです。

ですから、私どもの現場では、ほとんど追加工事がありません。プランニングや事前の打ち合わせのなかで、お客様の要望を予測しているからです。

追加工事自体が悪いのではありません。工事途中に、気づくこと、新しい要望が生まれることが多々あります。これには誠実に対応していくのは、当然です。

追加工事は、サービスなのか、有料なのか。追加工事を、お客様が、現場で大工職人に依頼したが、それを会社側は把握していなかった。責任の所在、どれほどお金がかかるのか、あるいはかかったのかということをお客様は知らない。すべての工事が終了した後、これだけかかりました、と請求が来る。「えっ、こんなにかかったの?」とか「こんなに、かかるのだったら、やらなかった」とか「現場の大工さんは、こんなのわけないですよと言ってくれたから、サービスだと思った」等々。

この種のトラブルが高じて、裁判沙汰になるハウスメーカー、リフォーム会社や建て主さんもいるようです。これでは、どんな立派な住宅を建てても後味の悪い、何か暗い気持ちの残る住まいになってしまいます。

そういう意味もあって、私たちはプラン、仕様をじっくり決めてから、契約を行います。概算で契約先行などしたくないのです。

着工

さて、いよいよ着工。

近隣の方々への工事の挨拶。そして、工事が始まります。

しっかりとした結果を出すには、そのプロセスとして、しかるべき時間が必要です。無駄な時間を使う必要はありませんが、無意味に早く早くとせかす必要もありません。

私たちは、工事現場こそ「展示場」と考えています。新築、リフォームにかかわらず、一所懸命働く現場のなかで、お客様はもとより近隣の方々から信頼をいただくのです。

引き渡し

引き渡しの際、私たちはこのようなことをお伝えします。

「今まで、私たちは『ください』ということを言ってきませんでした。お客様のために、私たちは『仕事をください』といった要求的なことを言ってこなかったつもりです。しかし、これからは、私たちは『アフター業務をさせてください』とお願いをします。これから、○○さんと私たちのほんとうの住まいづくりがはじまります。ほんとうのお付き合いがはじまります。この住宅に、30年、40年とお住まいになっている間、アフター業務をさせていただきたいのです」

リフォーム工事自体、お客様の新築のアフター工事です。住宅がある限り、どんな工事でもやっていく所存です。

無期限、無料保証付きなどということではありません。費用の発生する業務の方が多いかもしれません。しかし、この住まいにどんな些細なことがあっても、ご一報いただきたいと考えています。

昔は、どのお宅にも出入りの大工、出入りの職人というものがいました。これは「町場」という地域共同体が残っていた時代の話です。

そして、私たちは、お客様の出入りの大工・工務店というつもりで、お客様とお付き合いしたい、と考えているのです。

大工・工務店という言葉が古臭ければ、あなたの住まいのアドバイザー、住まいのコーディネーターとして、お付き合い願いたいと考えています。

おわりに

人気ブロガーである、ちきりんさんの「リフォーム&リノベーション入門の決定版」という副題を持つ『徹底的に考えてリノベをしたら、みんなに伝えたくなった50のこと』（ダイヤモンド社）を読みました。

「完全に顧客目線で、リノベーションのすべてを解説」と謳われており、私たちとは真逆の立場なので、どんな内容なのか、興味津々でした。

ちきりんさんの言う「リノベ」は、私たちが言うところのマンションの大型リフォームに該当します。

まさに住むこと、住まいの本質からかけ離れて語り得ない領域の問題です。

ちきりんさんが、どのようにして業者を選んでいくかというくだりは、大変興味深く、自分が品定めをされているようで、正直ドキドキもしました。

しかし、この本のなかでは、顧客目線によるリノベ（リフォーム、住まいづくり）について本質的なことも触れています。

ちょっと引用してみましょう。

「世の中の取引には、売り手と買い手が『等価な価値を交換する取引』と『両者で共に創出した価値を分け合う共同プロジェクト型の取引』があります」

「リノベを始めたとたん『これも共同プロジェクト型の取引だ！』と直感的に理解できます。でも、今までの仕事がすべて等価値交換型であったという人や、働いたことがなく〝買い物〟という等価値交換型の取引しか知らない人の場合、リノベも当然、そういう取引だと思い込んでしまいます。

そして『お金はいくらでも払うから完璧な家を作ってちょうだい』とか「大金を払っているのだから、オレの言うとおりやればいい」という態度に陥ってしまうのです」

住まいづくりは、お金をお客様からいただき、いくつかの要望をとり入れれば、プロがそれを完成させることができる、というそんな簡単なものではないのです。共同プロジェクトとしての住まいづくりこそが、本当の住まいづくりです。それが、新築であれ、リフォームであれ、です。

詳しいことはちきりりんさんの本に譲るとして、私としては顧客目線のなかで、共同プロジェクト型の住まいづくりを見出していただいたことは、わが意を得たりという自信を持つことができました。

「家に合わせて暮らすのではなく、自分の暮らしに合わせて家を変えることのメリットの大きさです。働き方、生き方と同じように、暮らし方も『ありモノに合わせる』『世間一般のもので我慢する』のではなく、自分の希望に合わせて作りかえればかたづきも良くなり、本当にラクに暮らせます。

多くの方がそういう機会を得られ、(私のように) 失敗したり驚愕したり戸惑ったりしながら『自分オリジナルの家』を手に入れられますよう、心から祈りつつ、終わりにしたいと思います」

ちきりんさんの本は、このように結ばれています。


住まいに自分の人生を合わせるのではなく、自分の人生に住まいを合わせてつくっていくこと。このことこそが、最大の鍵であり、そのためにパートナーとしての業者を選んでいくことが大事です。


では、素材に何を選ぶのか。

趣味嗜好、多様な要望があるなかで、私が一押しするのは、やはり自然素材＝木材です。

「クボデラさんは、やはり木材問屋さんだから、木材を選ぶのですよね」と言われる方もいらっしゃるかもしれません。

ですが、私もいよいよ六十歳、還暦へのカウントダウンの時を迎えています。自分の会社の利益のみを考える年齢ではなくなりました。世のため、人のため、将来を継ぐ私たちの次の世代のために、住まいづくりをどうしたらいいか、どんな素材が使われたらいいかを考えているのです。

木材という素材を住宅のすべてに使うことは困難です。しかし、ほんの一部でも使えば生活が、人生が変わります。それを私は確信しています。

令和元年五月一日

今上陛下御即位のご様子をテレビニュースにて拝見しつつ

窪寺伸浩

参考文献

『なぜ、いま木の建築なのか』
有馬孝禮、学芸出版

『棟梁辰つあんの住宅ルネサンス』
冨田辰雄、光雲社

『幸福を生む家の建て方』
冨田辰雄、PHP研究所

『生命を育む木の空間』
けん木れん（静岡県木材協同組合連合会）

『幸福を生む住まい――計画編［総論・各論］――』
冨田辰雄、（株）ホーミー住宅研究所

『スギ太郎と木材の不思議』
宮崎良文、（社）千葉県木材振興協会

『木材・森林と快適性』
宮崎良文、東京原木協同組合木族Networks

『住宅と木材』2018年10月号、
公益財団法人日本住宅・木材技術センター

『ナイチンゲールの窓』HGSホーミースタディグループ、
NPO法人幸せな家庭環境をつくる会

『徹底的に考えてリノベをしたら、みんなに伝えたくなった50のこと』
ちきりん、ダイヤモンド社

本書でご紹介をしている
「幸せを生む住まい」の教室
に参加してみませんか？

● **日時:開催日要相談　①9:30～　②13:00～**
参加人数とともに、希望日、希望時間を2日程ほど
お知らせください。
日程調整後、連絡させていただきます。

● **場所:クボデラ株式会社マルトミホーム事業部事務所**
東京都大田区北千束2−3−2

● **お申込み・お問い合わせ**
電話:03−3788−1951
FAX:03−3788−1991
メール:sumai@marutomihome.jp

教室に参加されたからと言って、「訪問営業」「電話営業」は一切行っておりません。それは、教室が「幸せを生む住まい」を伝える活動だからです。また、家づくりは、お客様のペースで、ゆっくり進めていくのが、一番良い方法だと考えているからです。具体的なお話がない方、すでに建てられた方でもけっこうです。そのような方も参加されています。

【読者特典】
木を使った木質リフォームの
360度VR画像公開中！

著者紹介

窪寺伸浩（くぼでら・のぶひろ）

クボデラ株式会社代表取締役社長

昭和36年東京都生まれ。東洋大学文学部卒。昭和21年創業の老舗木材問屋の三男として生まれ、台湾、中国等からの社寺用材の特殊材の輸入卸を行う。また、全国の志ある工務店、木材業者、設計士等によってつくられた「幸福（しあわせ）を生む住まいづくり」を提唱し、実践する環境研究グループ「ホーミースタディグループ」の中核メンバーでもある。一方で、神棚マイスターとして、神棚の販売を通じてどこの家でも見られなくなってきた神棚の大切さとその存在意義を普及する活動を行い、社寺用材の納入、神棚セットの販売などを行っているほか、さまざまな企業の朝礼で神棚の祀り方などをアドバイスしている。東京都神社庁御用達。東京都神棚神具事業協同組合理事長。

著書に『いい住まいは「間取り」と「素材」で決まる』『なぜ、成功する人は神棚と神社を大切にするのか？』（あさ出版）など。

クボデラは、2017年に東京証券取引所 TOKYO PRO Market 上場。マルトミホーム事業部では、自然素材・無垢材にこだわった家づくりを40年にわたって行っている。

●クボデラ株式会社
http://corp.kubodera.jp/
●しあわせを生む住まい「マルトミホーム」
http://marutomihome.jp/
●ホーミースタディグループ
http://www.homyhome.jp/

いいリフォームは「素材《そざい》」と「業者《ぎょうしゃ》」で決《き》まる　〈検印省略〉

2019年　6月　27日　第　1　刷発行

著　者――窪寺　伸浩（くぼでら・のぶひろ）
発行者――佐藤　和夫

発行所――株式会社あさ出版

〒171-0022　東京都豊島区南池袋2-9-9 第一池袋ホワイトビル 6F
電　話　03 (3983) 3225 (販売)
　　　　03 (3983) 3227 (編集)
F A X　03 (3983) 3226
U R L　http://www.asa21.com/
E-mail　info@asa21.com
振　替　00160-1-720619
印刷・製本（株）シナノ

facebook　http://www.facebook.com/asapublishing
twitter　http://twitter.com/asapublishing

ISBN978-4-86667-141-3 C0030